Tu marches, il marche, vous marchez… moi, je cours

MARCHER AVEC

MARIE DORIN

Tu marches, il marche, vous marchez… moi, je cours

salamandre

La marche de l'hostie

« Toutes les religions
se ressemblent par la quête. »
Jules Renard

« C'est marrant que tu aies fait du sport de haut niveau, toi qui râlais pour marcher petite. »

Cette phrase, entendue lors d'un repas partagé avec des amis de mes parents, m'est restée en mémoire parce qu'elle me vexe. C'est peut-être le souvenir le plus lointain que j'ai de l'évocation de « la marche ». Un poil à gratter qui vient ternir en quelque sorte le début de ma vie d'athlète. En secret je bute sur le côté fainéante que suggère ce flash-back. En fait, je ne me rappelle carrément pas avoir rechigné à la marche. Cela dit, « petite » est un mot suffisamment vague pour englober une période de plusieurs années. Et donc de tomber pile poil dans un intervalle que ma mémoire a gommé. Comme de par hasard... Parfois, on s'arrange avec ses souvenirs. Après tout, j'ai le droit, ce sont les miens.

Est-ce que la marche est une porte d'entrée vers le sport de haut niveau ? Est-ce qu'une carrière sportive débute par une marche ? Aucune idée. Mais la route est longue pour passer de la marche à la course, puis au ski, puis à l'effort répété et à la rigueur qu'impose le choix de la compétition.

D'ailleurs, comment commence une carrière ? Qu'importe on démarre tous par un premier pas. La mienne commence ainsi. Une marche vers Dieu.

…

C'est sûr que dit comme ça, ça fait flipper. Même moi lorsque je me relis je me dis *« Oulaaa, tu t'enflammes là, ça craint ce début d'histoire »*. Mais après explication, ça passe un peu mieux.

Mes parents ne nous ont pas baptisées d'office mes sœurs et moi. Ils ont préféré nous laisser le choix de faire la connaissance du monde de Dieu afin de décider par nous-mêmes d'une éventuelle suite spirituelle. De mon côté, l'attrait de la religion s'est manifesté lorsque, lors de nos rares visites à l'église qui se résumaient à accompagner nos grands-parents à la messe de Noël, tout le monde se levait à un moment donné pour manger un truc servi dans une coupelle. L'hostie.

Tout le monde sauf moi. Je restais assise. Le mets interdit me fixait, et les gens défilaient en silence, m'effleurant presque, mangeant la chose et retournant s'asseoir sur les bancs froids et raides de l'église avec cet air solennel et mystérieux qui attisait ma convoitise. En ma qualité de non-baptisée-non-communiée, je n'avais pas le droit de manger l'hostie.

«AAAArrrrrhhh» dites ça à un enfant et il va en faire une fixation...! De ce fait, absolument persuadée qu'un gâteau délicieux me passait sous le nez, j'étais curieuse d'y goûter. Et puis j'imaginais des tas de trucs, prêtant au pain bénit des pouvoirs magiques, quelque chose de spécial, de protecteur, etc. Mais je restais assise, me dévorant de l'intérieur. Parfois, j'hésitais à me lever quand même. Mais je ne bougeais pas. J'avais peur. Peur de manger l'hostie sans y avoir été invitée. Peur de mentir. Peur de Dieu. Puisqu'Il voit tout, Il aurait SU que je n'avais pas le droit de toucher ce pain. Je trouvais horrible d'être vue sans voir. Super stressant comme principe. La seule solution était de passer par le baptême et la communion. Alors j'ai suivi un an de catéchisme.

Durant cette année d'initiation à la religion catholique, entre deux textes et trois chansons, un «pèlerinage» a été organisé par certains parents (dont mon papa). En fait, il s'agissait plus de faire un camp de jeunes sous couvert de la paroisse, encadré par des parents. Une petite randonnée de quatre jours à travers la campagne clunisienne. Pour moi, c'était une quête. Eté 1996, j'avais 10 ans. Pourquoi cette destination? Car la famille de mon père est originaire de Saint-Pierre-le-Vieux, en Saône-et-Loire. Il connaissait les bleds et tout le tralala et a réussi à fédérer les autres parents. Objectif: église de Taizé!

La communauté de Taizé, fondée en 1940 par le frère Roger, rassemble une centaine de frères venant du monde entier pour une vie simple de prières et de célibat. L'unité des confessions chrétiennes et l'accueil des jeunes adultes font partie des engagements de la communauté depuis sa fondation. Cela dit, ne vous attendez pas à voir Notre-Dame à Taizé, même brûlée avec des vieilles pierres, des gargouilles et tout. Non, en réalité l'église est plutôt moche, de style moderne, avec cependant des vitraux récents sobres mais beaux. Dans des tons chauds et lumineux, bleus, rouges et jaunes, ils représentent des scènes de la Bible de manière simple. J'ai surtout aimé les couleurs.

Après, si vous avez un jour l'intention de faire votre propre quête jusqu'à Taizé, pour manger l'hostie ou non, vous serez à coup sûr charmés par les vieilles pierres jaunes et ocres en calcaire des maisons et des fermes. Des constructions anciennes, faites pour durer. La campagne clunisienne, les vignes de chardonnay. Et puis les forêts de feuillus. Vertes. Charmilles, chênes, marronniers, hêtres... Des arbres habillant les collines de leurs frondaisons clairsemées laissant percer la lumière à travers leurs feuilles, la rendant plus douce pour la faune des sous-bois. Les champs, verts également, et les vergers et les chevaux. Partout.

Ainsi, une petite troupe composée d'une dizaine d'enfants et d'une poignée d'adultes s'est retrouvée sur les sentiers verts et boisés du bord de Saône. Nous sommes partis de Fût d'Avenas avec une escale à Cluny, visite de l'ancienne abbaye et des haras nationaux (« Hooo les beaux chevaux... », *dixit* les filles, « Hoooo les gros zizis... », *dixit* les garçons). Baignade au lac de Saint-Point et enfin visite de l'église de Taizé, but de l'escapade.

Plutôt cool le caté. Entre ces activités, de la marche. Je ne me souviens plus de la durée des étapes. Je me souviens des forêts et des chemins. Du vert et de la mousse. Et de l'herbe parfois haute. De l'odeur aussi. Celle de la pluie et celle du soleil qui sèche les gouttes sur les feuilles après l'averse. Si je me souviens de cette ambiance végétale c'est parce qu'elle accompagnait des histoires. Et ces histoires la façonnaient. J'imagine que faire marcher un groupe d'enfants pendant plusieurs heures peut représenter un défi. Le côté un peu mou, lent, les paysages qui ne varient pas suffisamment vite, l'effort monotone consistant à avancer un pied devant l'autre trouvent à un moment donné des limites.

Bref, petit à petit les conversations se tarissent et le silence d'abord appréciable devient source d'ennui pour les jeunes.

C'est à ce moment que retentissent soudain :

– « C'est encore loin ? »

– « J'en ai marre. »

– « J'ai faim. »

– « J'ai mal aux pieds. »

– « C'est quand qu'on arrive ? »

Et voilà. D'un coup la quête tombe à l'eau. *Plouf*, la rando, le caté, Dieu et machintruc, tout perd de son charme et la réalité prend le dessus : la marche ça soûle et c'est pourri. Même la forêt et ses bruits deviennent source d'ennui avec les branches qui n'en finissent pas de nous séparer du ciel, emprisonnant les promeneurs dans un tunnel verdâtre de plus en plus fade.

C'est alors que mon père a commencé à raconter ses lectures. Des histoires. A ce moment-là, j'étais à ses côtés. De deux choses l'une : soit je me suis trouvée au bon endroit au bon moment, soit c'est moi qui me suis mise à grogner. Hum. Croyez-moi si vous le voulez mais je ne me souviens toujours pas d'avoir râlé. J'opte pour le hasard de m'être trouvée là où il fallait, pile à l'heure.

Les lectures de mon père étaient naturellement des lectures d'adultes : romans policiers carrément glauques, ils exerçaient une fascination sur nous, enfants. La première histoire était celle d'un homme, éperdument amoureux d'une femme aux yeux verts. La belle le mène en bourrique, joue avec lui comme avec une souris. Il lui offre une bague de la couleur de ses yeux. Magnifiques. Brillants comme des bigarreaux. Verts. Elle accepte tout en continuant à se refuser à lui. Fou de désir, il finit par la tuer et arracher ses yeux. Il range enfin la bague offerte dans son écrin, aux côtés des yeux, seuls témoins du reste de son amour. Radicale comme fin ! J'appréciais d'autant plus mes yeux marron très communs.

Combien étions-nous au début de l'histoire ? Le récit s'enroulait autour de mon père, les détails morbides étaient sans doute ceux qui nous obsédaient le plus. La forêt verte s'accordait parfaitement à l'atmosphère du moment. Et aux yeux de la femme. Les bruits des sous-bois semblaient n'appartenir à personne sinon aux arbres et, provenant de toutes les directions, ils nous assaillaient, rentrant dans nos têtes pour donner du corps au récit. Les troncs se rapprochaient de nous, leurs branches grimaçantes accrochaient nos cheveux pour essayer de nous retenir. Les racines devenaient des pièges, ouverts sur un monde souterrain inconnu. Le vert n'était plus une couleur mais une entité menaçante. Et il était partout. Les images évoquées par le conteur prenaient ainsi forme. La femme aux yeux verts nous accompagnait à Taizé et la passion insoutenable du pauvre homme rendait la forêt vivante, vibrante. Et je comprenais l'homme qui, ne pouvant l'atteindre et de peur qu'elle ne lui échappe, avait choisi de la tuer afin qu'elle reste à jamais sienne.

La troupe d'enfants silencieuse encadrait le conteur qui a fini par rassembler autour de lui tous les jeunes du groupe, suspendus à ses lèvres. Malin, mon père n'a pas raconté toute l'histoire d'un seul trait. Il marquait des pauses. Style il racontait l'histoire pendant une demi-heure, puis prétendait devoir se reposer, ou boire, ou vouloir parler avec un autre adulte. Et nous laissait ainsi en proie au désir brûlant de connaître le destin des personnages. Et aux questions. Pourquoi la femme n'aimait pas l'homme ? Comment tout cela allait-il finir ? Mal, on s'en doutait. Et ça nous troublait encore plus.

On marchait en silence, en repensant au récit. Petit à petit, l'histoire se diluait dans l'air, emportée par le chant des oiseaux qui, semblait-il, avaient soudain repris leurs trilles sautillants. La femme s'était évaporée et la forêt avait retrouvé une allure de forêt. Les arbres se distinguaient de nouveau par la forme de leurs feuilles et la couleur de leurs troncs, les bruits retrouvaient leurs propriétaires : oiseaux, vent, pas sur les brindilles, etc. Chaque élément reprenait ses contours respectifs et se dissociait de la forêt qui l'instant précédent unifiait ses habitants en un ensemble mystérieux. Jusqu'au moment où de nouveau la marche devenait trop longue et l'intrigue reprenait alors vie avec la voix de mon père.

La deuxième histoire, encore plus glauque, racontait la tragique fin de deux aventuriers perdus dans le désert et trouvant refuge dans une étrange maison trop accueillante. Repas gargantuesques, orgies… tous les péchés humains sont passés en revue. Adaptation adulte de Hansel et Gretel, les deux amis sont finalement engraissés pour nourrir les cochons.

Horrible. Encore plus horrible que la première. Fascinante. Après, je me souviens que je n'avais pas envie d'être celle qui fermait la marche. Je regardais derrière et pressais le pas pour doubler l'avant-dernier. Trop peureuse.

Puis, nous sommes arrivés à Taizé. Le vert a laissé la place aux pierres jaunes du village qui ont guidé nos pas jusqu'à l'église. Chaque enfant est rentré avec son petit pendentif en forme de colombe autour du cou. La croix de Taizé, symbole de la communauté et de tolérance. La mienne était bleue, je l'ai portée longtemps. Je la trouvais super jolie.

Si ma relation avec la religion s'est plus ou moins arrêtée là, celle de la marche ne faisait que commencer. Intimement liée aux contes et aux histoires, elle allait m'emporter des années durant sur les chemins, accompagnant mes courses dans les bois, puis mes entraînements quotidiens. Aventures inventées ou lues, s'enroulant dans ma tête ou partagée avec d'autres, les mots me remplissent et parfois descendent dans ma bouche, devenant sons, syllabes, phrases, histoires. Accompagnant mes pas et défiant l'effort, le remplaçant par un récit passionnant qui file les heures.

Je ne suis toujours pas baptisée. Mais j'ai fini par goûter l'hostie.

Héhéhéhé ! Rien ne s'est passé. Pas d'éclair me foudroyant sur place. Ni de coup de tonnerre signalant mon mensonge. J'étais presque déçue. J'ai même mené une carrière dans le ski alors je me dis que Dieu ne m'en veut pas trop. Et puis finalement je me suis rendu compte que c'était pas très bon. Un peu fade, sec, sans goût.

Je crois que Dieu ne connaissait pas encore le chocolat.

Derrière chaque tronc, un nouveau monde

« Même quand l'oiseau marche,
on sent qu'il a des ailes. »
Antoine-Marin Lemierre

J'avais d'abord trouvé dans la marche en forêt un décor qui donnait vie à mes histoires. Lorsque je sortais, je fonçais dans les bois et, à ce moment-là, mon autre vie se dessinait. Celle qui se déroulait dans ma tête de jeune fille et dont la nature alimentait le récit. Je la vivais pleinement, sous la canopée, à l'abri des regards et sans aucun complexe. Les arbres avaient leurs rôles, tout comme les animaux des bois que je surprenais parfois au détour d'un tronc. J'enviais la souplesse de leur mouvement. La façon dont ils se fondaient dans ces bois qu'ils occupaient. C'étaient des personnages dont la beauté sauvage collait avec l'héroïne de mes lectures. Celle que j'aspirais à devenir.

Et puis d'un coup je suis passée de la marche à la course à pied. Je ne saurais pas dire quand exactement. Petit à petit je me suis rendu compte que la marche était trop lente pour suivre le fil de mes pensées. Comme celles-ci arrivaient en cascades, souvent désordonnées, j'avais besoin d'un rythme qui puisse les ralentir ou du moins endiguer ce flot incessant d'histoires qui me submergeait. Et l'effort cadençant mon souffle jouait parfaitement le rôle d'un trieur. Par ailleurs, je me suis mise à apprécier l'effet de la course sur mon corps : le manque d'oxygène obligeant l'inspiration de grosses goulées d'odeur de mousse et de bois pourri, les tempes qui palpitent matérialisant le trajet du sang bouillonnant dans toutes les parties de mon corps… Je me sentais vivre, exister en tant que cellule, organe, être humain. J'avais besoin de cet effort mais je n'en avais pas encore pleinement conscience. Mes courses dans les bois n'avaient alors d'autre but que celui de poursuivre mes rêves, de me fondre et me confondre dans cette nature que j'aimais et à laquelle j'avais l'impression d'appartenir.

Je courais sur la pointe des pieds parce que je voulais faire le moins de bruit possible dans la forêt, pour ressembler à mes héroïnes, celles qui parlaient aux animaux et qui marchaient avec légèreté dans les forêts profondes. Le cerveau en ébullition, en pleine création fantaisiste, je parcourais les bois au-dessus de la maison, remontais une conduite d'eau forcée, grimpais dans les arbres. Je pense que c'est de cette manière-là que, tout doucement, j'ai commencé à travailler mon corps pour le sport d'endurance.

J'ai alors croisé le chemin du ski sur une période très courte où se sont enchaînées trois rencontres importantes qui ont influencé mes choix et la personne que je suis aujourd'hui. A 13 ans je me suis inscrite au club de ski de fond de Laval, mon village d'enfance sur le massif de Belledonne. J'étais en quatrième, j'avais encore un an d'avance. En fait je dis « encore » parce que je l'ai perdu ensuite, en redoublant. Comme une dinde.

La même année, j'ai fait la connaissance de Gérard. Un moniteur barbu. Il régnait en maître sur la section nordique de Belledonne. Je retrouvais dans le ski de fond l'effort cadencé de la course à pied. Non seulement le plaisir de respirer plus vite mais également celui d'évoluer dans des décors encore plus vibrants, plus majestueux dans lesquels continuer mes histoires. J'élargissais ainsi l'évolution de mon personnage, lui offrant de nouveaux espaces à goûter, à apprécier et à conquérir. J'adorais les paysages enneigés car ils me laissaient toujours une sensation de pureté. Comme si laisser une empreinte dans la neige fraîche marquait un territoire. On avait le choix de marcher dans cet univers blanc au risque de saborder ce tableau exempt de traces humaines, ou bien au contraire de laisser son empreinte, imprimée en blanc sur blanc sur ce revêtement froid étincelant de mille facettes. La neige avait un pouvoir, celui de rendre à nouveau vierge n'importe quel territoire. Et je pouvais ainsi être la seule à découvrir une nouvelle terre, un nouveau monde. En outre, glisser était une sensation grisante et je trouvais un plaisir évident dans cette recherche de rapidité et d'agilité sur des planches.

Gérard avait une approche du ski de fond très particulière car finalement je ne me souviens pas particulièrement d'avoir appris cette discipline cette année-là. Ce qui m'a marquée en revanche, c'est son goût prononcé pour la nature, son amour de la neige et des promenades nordiques. Avec lui, les séances d'entraînement se faisaient rarement sur des pistes damées dont les stries parallèles et bien rangées devaient gêner le caractère fantasque du personnage. La plupart des après-midi et des stages se déroulaient sur le massif de Belledonne, dont le crêt du Poulet formait l'épicentre à partir duquel nous rayonnions skis aux pieds.

Cette chaîne de montagnes reste toujours sauvage, belle et abrupte. Elle se prête d'ailleurs assez peu à la pratique du ski de fond dont l'un des rares sites, le col du Barioz, n'a d'intérêt que si l'on monte 4 km dans la pente, jusqu'au refuge du Crêt du Poulet. Mais une fois en haut, l'effort est justifié. On domine d'un côté une vallée : celle du Grésivaudan avec une vue sur les massifs préalpins calcaires formés par les Bauges, la Chartreuse et le Vercors. De l'autre côté se déploie Belledonne, avec ses crêtes qui se prolongent comme le dos d'un dinosaure dont les pics forment les écailles dorsales. Une piste nommée justement Les Crêtes permet de naviguer dans cet univers de bosses et de replats en jouissant d'une vue à 360°. C'est en quelque sorte la récompense du guerrier. C'est aussi pour cette raison qu'on se met à aimer le sport : le rapport entre efforts et récompense. Une carotte. Celle-ci peut prendre différents aspects – un point de vue magnifique, un élément particulier du paysage (lac, montagne, sommet, creux, rivière, cascade…) ou la satisfaction liée à la descente d'hormones qui survient après une bonne sortie usante. Le relâchement du corps, bien-être évident de l'homme qui a su exploiter ses capacités physiques. Le sport me permet de manger du chocolat. Chacun ses défauts.

Promenades en chiens de traîneaux, construction et nuits en igloo, courses d'orientation, traversée de Belledonne… chaque sortie avec Gérard avait en commun un détail particulier : la nature et la perte de repères dans la forêt. Je pourrais écrire la « prise de repères », car peut-être était-ce le but recherché, mais pour moi c'était très déroutant. Et cela se passait de cette manière : Gérard nous emmenait à travers bois, peu importe le moyen d'entraînement utilisé, sur des sentiers ou des pistes balisées. Le groupe suivait tranquillement sa grande silhouette chaloupée. Les conversations allaient bon train, de concert avec les rires et les vannes pourries des ados qui les précédaient. Notre curieux moniteur se mêlait à la joyeuse troupe, tour à tour devant et derrière, souvent au milieu, participant ou non à la bonne humeur générale. Puis, petit à petit, s'enfonçant toujours plus loin dans des bois comme Poucet dans l'histoire, et alors que les conversations gardaient leur allant, nous nous rendions compte que nous ne suivions plus personne.

Où était Gérard ????? Disparu. Cette prise de conscience avait un curieux effet sur ma perception du paysage : les sapins m'apparaissaient plus grands et leurs feuillages subitement plus sombres. Le chemin se faisait étroit, sinueux, incertain. C'est fou comme la nature a le pouvoir de changer d'ambiance, comme pour s'accorder avec une sensation profonde teintée de peurs ancestrales. Et je me rappelle que j'étais un peu inquiète. Pas tant parce que fallait pas avoir peur devant les copains, surtout que les copains faisaient style de rien et continuaient d'avancer. N'empêche, les rires étaient moins bruyants et tout le monde regardait un peu au-delà du chemin, scrutant la canopée afin d'essayer d'apercevoir la barbe familière et sécurisante.

Parfois on entendait un petit bruit. Une imitation d'oiseau. On savait que c'était lui, on l'appelait alors mais le jeu se poursuivait et il ne réapparaissait pas pour autant. Je crois que c'était ça qui me marquait le plus : j'avais l'impression de marcher longtemps toute seule alors que j'étais entourée par toute une troupe. Et puis mon inquiétude disparaissait soudain avec la grande carcasse qui surgissait comme par magie au milieu du groupe. Gérard revenait, un large sourire aux lèvres, comme s'il n'était jamais parti, comme s'il n'avait pas fait exprès. Les sapins redevenaient des arbres et le chemin se montrait de nouveau large et familier.

« Mais t'étais où ?! » L'intéressé rigolait de sa bonne blague, éludant la réponse.

C'est aussi Gérard qui m'a transmis son goût pour les expéditions et les voyages. En me parlant des récits de Nicolas Vanier et de ses randonnées nordiques. Le côté extrême de ces expéditions me faisait rêver. Dans notre monde moderne, confortable et assisté, je trouvais incroyable d'être encore capable de se débrouiller seul dans la nature, de construire soi-même son abri, de trouver de quoi manger par ses propres moyens… Ce qui me fascinait et ce à quoi je voulais m'identifier était surtout la connaissance de cette nature permettant à l'homme seul d'être autonome et de survivre sans l'aide de la civilisation. De redevenir un animal en quelque sorte. Un animal pensant.

La journée je partais donc en expédition sur mes skis de fond, l'aspect froid et hostile des conditions hivernales me laissant ressentir cette fragile nudité face à l'immense nature, et le soir je dévorais ses récits, chaudement emmitouflée sous ma couette. En mangeant une pomme. Habitude que je conserve d'ailleurs, sorte de rituel associant ce fruit biblique à la lecture, un moment de calme croquant.

En enrobant la pratique du ski de fond dans un feuillage touffu de promenades sportives et de nuitées en refuges, je n'ai commencé la compétition qu'à 14 ans, tardivement et sans aucune autre ambition que de faire plaisir à Gérard. Car il exerçait sans aucun doute une fascination auprès des jeunes : on ne lui en voulait jamais de nous perdre dans les bois, de l'organisation bordélique de certains stages, des pique-niques avec de la soupe aux cailloux lors des randonnées (parce que lui ne mangeait presque rien). Il arrivait à se rendre indispensable en nous rendant indépendants. Fort tout de même !

Lors d'une de mes premières compétitions dans le Vercors Sud, à Font d'Urle, j'ai réussi à monter sur le podium pour la première fois de ma vie. Après la course, en regardant la liste des résultats, simple feuille accrochée sur un panneau de bois proche de l'arrivée, je cherchais « Marie Dorin » au milieu des autres noms des participantes lorsque j'ai surpris une conversation entre deux filles à côté de moi.

« Alors ? T'es combien toi ?

– Je gagne, et toi, deuxième ?

– Non, troisième.

– Ha bon ? C'est qui deuxième ?

– Ben, je connais pas, une "Marie Dorin".

– C'est qui *elle* ? »

Il va sans dire que *elle* s'est fait toute petite. Et *elle* s'est éloignée doucement. Le résultat ne me parlait pas spécialement mais lorsque mes compagnons de club m'ont félicitée et que j'ai lu de l'admiration dans les yeux de tous et surtout de Gérard, j'ai commencé à ressentir de la joie, du plaisir et de la reconnaissance. C'était cool. Et voilà, j'avais goûté à la drogue, celle du *bip-bip* des départs, du stress des dossards et surtout du relâchement associé au sentiment de bien-être qui sonne la fin de la compétition.

Chose très marrante pour moi, les deux jeunes filles qui se questionnaient sur mon irruption au milieu de leur podium sont devenues, deux ans plus tard, des partenaires d'entraînement, des compagnes d'internat, des potes de classe et figurent aujourd'hui parmi mes meilleures amies.

Au printemps suivant, le comité de ski de fond du Dauphiné organisait comme chaque année un 1 000 m chronométré sur un stade de courses à pied afin de « détecter » des éléments susceptibles de grossir les rangs des futurs adeptes du ski nordique. J'y étais allée avec le club. Cette fois-là, je remportai le cross devant les mêmes habituées des podiums qui s'étaient interrogées sur mon identité. « Elle » *is back*.

Comme quoi, mes escapades sylvestres avaient porté leurs fruits. Je ne savais pas que je savais courir. Mes entraînements de course à pied se présentaient jusqu'alors comme des courses dans la forêt de Laval, grimpant dans les châtaigniers et les épicéas, me persuadant que j'étais la fille des enfants des bois, adoptée par mes méchants vrais parents banals. Bien sûr, dans cette autre vie, je communiquais avec les animaux et j'avais des pouvoirs magiques. Normal. En secret j'exploitais mes sœurs pour la construction de cabanes, supervisant les travaux tandis qu'elles me livraient du bois. Vêtue des vêtements de mon père, je m'enfonçais dans les bois, mon lapin domestiqué (portant le nom très original de Pinpin) sur une épaule, une hache sur l'autre, bercée par les récits de Nicolas Vanier et les Comès, bandes dessinées dont la noirceur donne à la forêt une inquiétante personnalité. C'est donc avec la volonté de devenir bergère et de rester sauvage que je suis venue grossir les rangs du comité de ski de fond puis de biathlon du Dauphiné.

A 14 ans j'ai rencontré Thierry, l'entraîneur de biathlon du Dauphiné. A Thierry je dois ma carrière de ski. Tout. Il m'a fait découvrir plusieurs choses : le biathlon, le Vercors, le dépassement de soi et il a su développer chez moi une puissante rage de vaincre. C'était l'opposé de Gérard mais d'une autre manière. Il avait lui aussi une très forte présence chez les jeunes mais il tenait à l'exigence sportive et nous poussait à l'excellence tout en nous ouvrant son univers : le Vercors.

La plupart des stages de biathlon se déroulaient à « Bouze Bouze Land ». C'est avec beaucoup d'affection en fait qu'on appelait de cette manière le camping où nous séjournions et j'ai conservé des souvenirs fabuleux de ces stages. Ce surnom s'est imposé pour diverses raisons : en jeunes ados débiles, il ne faut surtout pas donner un surnom gentil, c'est mal vu. (Par qui ? On sait jamais. C'est mal vu, point.) Et puis c'est en automne que beaucoup de stages se déroulent pour préparer la saison des compét' hivernales. Et en automne il pleut. Et le camping et les gîtes de « Bouze Bouze Land » sont situés dans une ferme… et dans une ferme il y a des vaches… qui font des bouses… Partout… Même devant les portes… et du coup on marche dedans… et du coup on ne s'en aperçoit pas toujours… et du coup on rentre dans les chambres avec la bouse… et on a beau laver ça sent la bouse… Bref. « Bouze Bouze Land. » Le paradis. Situé dans le Vercors Sud, juste en dessous de la Vierge du Vercors, une formation singulière dans une falaise qui rappelle celle d'une femme en position de prière. De là nous partions nous entraîner sur le stade de biathlon de la Trompe, à Vassieux, en Vercors. Et, les après-midi, Thierry nous conduisait pour courir sur les hauts plateaux du Vercors.

Comment décrire ? C'est beau, c'est vaste, les pelouses d'altitude sont jaunes en automne et le ciel est gris avec des nuances, que le vent éparpille en traînées plus ou moins sombres. Les pins à crochets alternent avec les pins sylvestres à l'écorce rouge et aux formes tourmentées témoignant de conditions de vie rigoureuses. Au-dessus des têtes cerclent les vautours fauves et autres rapaces aux ailes immenses. Au bout de ces plaines, le vide. Les falaises qui délimitent le Vercors forment un rempart de calcaire et offrent la vue du Sud. La seule route qui ose couper ces parois débouche au col du Rousset. Ce passage répartit d'un côté le plateau de Beure qui rejoint le Grand Veymont et le Vercors Nord, et de l'autre côté la plaine d'Ambel où Thierry nous emmenait écouter le brame du cerf en septembre. Parce que c'était sa passion après le biathlon. Thierry avait dû être cerf dans une autre vie. (Moi j'étais éléphant, je sais, rien à voir mais c'est comme ça.)

On partait deux jours, on arrivait le soir avec des patates dans le sac pour les cuire dans des braises et pendant ce temps, on allait se perdre dans les bois pour écouter et observer. Si vous n'avez jamais assisté au brame, allez-y, c'est une expérience incroyable. On y allait tous. En petits groupes, jamais seuls car en vrai ça fout grave les boules le brame du cerf. La nuit tombait, on marchait dans la forêt en essayant de viser les cailloux pour ne pas faire de bruit. Et parfois, derrière un tronc, on avait la chance de voir un cerf. Alors on se faisait petit et le temps s'arrêtait. D'abord on sentait l'animal, le musc, fort. Et puis on gravait sa silhouette dans nos rétines. Des bois énormes étalés comme des branches, un poitrail large et laineux, le port fier de l'animal au sommet de sa force. Enfin, le cerf se mettait à bramer. Emplissant l'espace d'un son puissant venu d'un autre monde. Comme un cor qui sonne une charge. Un son qui fait dresser les poils même quand on n'en a pas. Ainsi le cerf nous possédait : il emplissait nos narines, nos yeux et nos oreilles. On était un peu une partie de lui. Au bout d'un moment le cerf partait. L'instant de grâce se brisait et on rentrait les joues froides et rouges, excités, encore imprégnés de cette rencontre et fiers de la raconter aux autres. (Nos récits rendaient le cerf toujours plus grand et plus proche.) Généralement, il ne restait plus de patates car il y en avait toujours qui les mangeaient avant d'attendre les derniers : ceux qui n'avaient pas eu la chance de voir un cerf ou la patience d'attendre et qui se vengeaient donc sur les patates.

Ensuite on dormait (mal, voire pas du tout) dans ce refuge et le lendemain on allait courir dans la plaine d'Ambel. Thierry avait deux points communs avec Gérard. Le premier : il nous perdait. Sauf qu'il restait se perdre avec nous. On courait en dehors des chemins mais quelle importance dans ces espaces ouverts et sauvages ? C'est juste que moi j'en bavais grave avec le manque de sommeil de la nuit d'avant. Le second : il ne savait pas cuisiner. Alors on mangeait des pâtes au pesto, des Cruesli au caramel avec de la compote et de la paella en boîte. Tous les jours. C'était ma première année en biathlon.

A 15 ans, toujours en avance d'une année, je faisais ma première seconde à Pontcharra. A 15 ans je rencontrais Nasta. Nasta la sauvage, la passionnée, l'intransigeante, l'ensorceleuse... J'arrivai en retard pour ma première journée de cours. Me perdant dans ce lycée que je ne connaissais pas, je déboulai dans la classe en rougissant et balbutiant des excuses au prof et allai m'assoir au fond à côté de cette fille blonde que j'avais déjà vue lors de mes années au collège et que j'avais jugée complètement superficielle. C'était la seule place libre et la fille avait l'air moyen contente de me voir débarquer.

Ensuite elle et moi on ne s'est pas quittées de l'année. Vivant une sorte d'amitié fusionnelle où personne ne pouvait s'immiscer. Nasta rassemblait toutes les qualités que j'admirais chez mes héroïnes de roman. Elle était sauvage, belle, fière et savait exactement ce qu'elle voulait. Elle montait à cheval comme une amazone, avait un goût prononcé pour l'aventure et surtout elle n'était pas comme les autres de tellement de façons que ça pouvait déranger. Nasta on l'aime ou on la déteste, mais elle ne laisse personne indifférent. Moi, j'étais sous le charme.

Avec elle je partageais ma passion des balades en forêt. Elle avait comme moi l'envie de redevenir « sauvage ».

Ce qui est un bien grand mot pour des jeunes filles s'écrivant des sms avec un téléphone portable et traquant impitoyablement le moindre poil à l'épilateur. Toutefois, les forêts symbolisaient pour nous deux cette vie sauvage, un espace hors du temps, sans âge, où les animaux et nous évoluions au même rythme, selon les mêmes lois. Nous avions chacune choisi un animal totem. Elle était une souris et moi un écureuil. J'avais trouvé en Nasta une partenaire que je pouvais inviter dans mes histoires, dans ma forêt. Derrière chaque tronc nous ouvrions la porte d'un nouveau monde dans lequel nous plongions, jouant nos rôles à la perfection, en parfaite entente avec l'environnement boisé qui nous avalait. Parfois lors de nos errances sylvestres, nous parlions du rapport à la nature, déplorant que la vraie nature n'existait plus, dévorée par l'homme. Ce qui entraînait inévitablement des débats métaphysiques sur la définition de la nature trop grands pour nos épaules.

Est-ce que la nature c'était nous aussi ? Est-ce que l'homme avait sa place dans la nature ? Est-ce que la ville faisait partie de la nature ? En fait c'est quoi la nature ? Et puis soudain, comme si ces questions n'avaient plus d'importance, nous reprenions nos histoires fantasques de filles sauvages. Et la course dans les bois continuait à filer les heures, nos ombres interprétant alors ceux de jeunes elfes rebelles adoptés par de faux parents (idée tenace !). Très vite on devenait des guerrières impitoyables. On s'habillait en sous-vêtements (sexy ?), on s'accrochait des couteaux aux poignets et aux chevilles, un foulard cerclant nos têtes aux cheveux tressés et on grimpait aux arbres. Ensemble on construisait des cabanes dans lesquelles on dormait et des accrobranche « fabrication maison » carrément craignos que je testais *toujours* en premier, Nasta me lançant souvant un « Je parie que t'es pas cap » provocateur. On allait visiter des châteaux ou des maisons abandonnées en s'inventant toutes sortes de scénarios effrayants qui marchaient d'ailleurs très bien sur moi… Et puis on montait à cheval. Nasta avait un frison noir, magnifique. Moi j'avais Socrate, un cheval camarguais philosophe. Ensemble on faisait la course dans les champs de maïs coupés de la plaine du Grésivaudan. C'était toujours Socrate qui gagnait.

Cette année-là, on faisait sauter les cours de physique et de maths pour aller manger des pains au chocolat et se promener en montagne. J'imitais la signature de mes parents et je justifiais mes absences par « Perte d'une grand-mère ». Au bout de la cinquième grand-mère, je notais simplement « Raison familiale ». Avec toutes ces « raisons familiales », je redoublais ma seconde. Presque volontairement, par défi. Sans doute la seule preuve de ma crise d'adolescence. N'empêche que ça m'a moi-même choquée. Cette autopunition a agi comme un électrochoc sur ma fierté.

Je trouve que mes parents ont été plutôt cool bizarrement. Ou intelligents en fait. Comme des parents quoi. En vrai je pense que ça m'arrangeait de redoubler. J'avais besoin de rigueur, de stabilité, de dépassement. Je troquais donc le lycée de Pontcharra pour rentrer au lycée sport-études de Villard-de-Lans. Scellant ainsi mon destin au ski et au Vercors, à la compétition et au biathlon. Nasta a continué sa route vagabonde à la découverte d'horizons lointains. Douée pour l'écriture, elle est à présent anthropologue et parcourt le monde pour le confiner dans ses livres. Amie fidèle et passionnée, nous nous retrouvons régulièrement pour partager des aventures dans les montagnes, à pied ou à cheval, mais toujours dehors, comme si notre amitié ne pouvait s'enfermer entre deux murs.

De ces trois rencontres j'ai tiré des enseignements, copié des comportements et adopté certaines valeurs. Avec Gérard, j'ai renforcé mon goût pour la nature, l'amour des forêts et de l'hiver, j'ai découvert le plaisir de la glisse. Thierry a su développer chez moi la farouche volonté de gagner, le dépassement, le goût de l'effort, le plaisir de la compétition. Quant à Nasta, elle est restée ma muse. Je n'ai jamais voulu lui emprunter une de ses qualités, pleinement consciente que je ne pourrais jamais la porter aussi bien qu'elle. Mais j'ai partagé avec elle les aventures, les histoires, la fantaisie et l'imagination avec un brin de défi envers les dogmes de la société.

Quand je suis rentrée au lycée de Villard-de-Lans, j'étais «*elle*», Marie Dorin, encore inconnue du biathlon, souhaitant être bergère, me cachant derrière une fausse absence d'ambition. Sauf que petit à petit j'ai pris conscience de cette volonté farouche de gagner, montant le niveau d'exigence au fur et à mesure que je découvrais mon sport, en gardant cet attachement aux histoires et aux sorties nature.

J'étais sortie de l'enfance. La nature, qui auparavant jouait le rôle de décor dans lequel j'essayais de me fondre, était devenue un terrain de jeu me permettant d'exploiter et de développer mes capacités physiques. Si je restais fidèle à mes histoires, mes sorties avaient désormais un but : celui de m'entraîner et de progresser. Et je troquais donc les expéditions vagabondes contre des itinéraires précis que je choisissais en fonction de la séance d'entraînement requise et du bénéfice que je devais pouvoir en tirer.

Loïs

« L'avantage du coup de foudre,
c'est qu'il fait gagner du temps ! »
Pierre Doris

Le biathlon est une histoire qui m'a apporté tellement de choses. C'est par exemple grâce à lui que j'ai rencontré le *big true love* (à prononcer « big trou love » si vous avez mon accent). Thierry proposait des stages avec l'équipe du comité de biathlon du Dauphiné « *low cost* » (décidément c'est un chapitre en anglais), non pas en termes de prestation ou de qualité d'entraînement mais parce qu'il souhaitait offrir des stages le moins cher possible pour les familles. Entièrement dévoué à notre cause, tellement passionné par son métier qu'il mettait sa vie personnelle à notre disposition.

Régulièrement on faisait donc des stages logés chez lui, dans son appartement de 30 m^2. On battait des records de personnes au mètre carré. Des genres de tas d'ados gesticulants. Parfois on était jusqu'à huit à loger chez lui. On s'entassait :

les filles dans sa chambre, deux dans son lit, deux par terre enroulées dans des couettes, trois garçons dans le couloir dans un lit superposé et Thierry qui dormait sur la table de la cuisine et qui avait le culot de dire qu'il passait de bonnes nuits... On mangeait les sempiternelles pâtes au pesto et les Cruesli du petit-déjeuner. Parfois Thierry attaquait le pesto sans les pâtes, à la petite cuillère. Moi je triais les Cruesli, séparant les céréales des morceaux de chocolat puis remettant les céréales dans le paquet en mangeant tous les chocolats en même temps, parce que de cette manière, on a le goût super longtemps dans la bouche et surtout, on n'est pas obligé de partager avec les curieux intéressés par le butin. On se déplaçait péniblement de la chambre à la cuisine à cause du matériel de sport et des carabines qui jonchaient le sol. Ça sentait le chien mouillé: nous, nos chaussures de ski roues, nos gants, nos vieilles chaussettes. Surtout celles des garçons. On regardait le biathlon sur Eurosport les après-midi en mangeant des céréales (toujours des Cruesli mais sans les chocolats du coup). Une autre vision du bonheur. C'était trop bien.

Un jour, alors qu'on rentrait de l'entraînement du matin, j'allais déposer mes affaires dans la chambre avec les autres filles quand la porte de la salle de bains s'est ouverte, me barrant le passage. Il en est sorti en serviette.

«Arg, gloups, hhhhhhh...»

J'ai dû avaler de travers, rougir et verdir en même temps et mes muscles se sont tellement raidis que je n'ai pas pu bouger tout de suite. Bizarrement, en même temps que je me raidissais, je devenais toute molle. A mon grand désarroi d'ailleurs parce que j'avais vraiment l'air cruche. C'est ainsi que, mi-molle mi-raide, la démarche complètement de travers, je restais les bras ballants, la bouche sèche, le cœur battant, la langue pendante.

Je suis montée dans des tons encore plus colorés lorsque j'ai entendu de loin (car mes oreilles bourdonnaient) la voix de Thierry qui disait : « Ha, Marie a dû voir Loïs. » Je suis restée coite. Parce que je ne savais pas quoi dire et que ma langue en avait profité pour tripler de volume. Après un essai infructueux – « Hhhhhhhh » – j'ai retrouvé la fonction « Marche automatique » et je suis allée poser mes affaires dans la chambre comme un robot. Ecarlate. Forcément j'ai été l'objet de railleries de la part de mes copines, de Thierry, des garçons…

Le mal était fait. J'étais devenue un dindon. Le « big trou love » s'était abattu sur moi, m'enveloppant de son cortège de maladresses, brouillant mes sens et rendant mon élocution confuse dès que j'évoquais son souvenir. L'objet de convoitise n'était pas spécialement intimidé, ni gêné, ni quoi que ce soit. Au contraire ça avait plutôt l'air de l'amuser qu'une gamine réagisse de façon idiote à sa sortie de bain et il en profitait pour me mettre encore plus mal à l'aise. J'étais trop jeune. Trois ans d'écart au lycée ça faisait trop.

Loïs à cette époque changeait de trajectoire sportive : il passait du sport-études ski alpin au sport-études biathlon.

Ne possédant pas les critères sportifs requis pour intégrer le comité de biathlon, Thierry l'avait dès lors pris sous son aile pour lui consacrer des séances particulières et combler son retard. Problématique résolue en douze mois, puisqu'il intégrera l'équipe de France de biathlon l'année suivante, à 18 ans. D'où sa présence chez Thierry cet après-midi-là.

A partir de ce jour, le biathlon prenait une autre tournure : il me reliait à cette apparition. Les stages devinrent un prétexte pour le revoir. Sans aucune ambition. J'avais juste besoin d'alimenter mon fantasme. D'ailleurs nous le faisions toutes : rêver du groupe des grands comme des groupies. Chacune avait le sien. Moi c'était Loïs. Rien qu'en prononçant son nom je gloussais comme une dinde. « Loïs ? Glouglouglouglou. »

Et puis les grands ont eu leur bac et on s'est rabattues sur les garçons de nos âges. Qui étaient très bien aussi. Mais moins grands donc moins beaux. C'est pas grave, à cette époque ce qui comptait c'était de faire du chiffre. La question n'était pas « Qui » mais « Combien ». Et puis petit à petit j'ai franchi les paliers sportifs qui m'ont permis d'évoluer sur le circuit de la coupe d'Europe. J'intégrais donc l'équipe de France junior et courais mes premières coupes d'Europe. Cette nouvelle expérience me plut pour deux raisons : c'était d'une part le but de la compétition, qui consistait à aller toujours plus haut, et d'autre part l'occasion de retrouver Loïs. « Glouglouglouglouglou. »

En 2004 se déroulaient les championnats du monde junior de biathlon à Bessans en Maurienne. Ces championnats rassemblent les compétiteurs sur quatre classes d'âge : deux années « jeunes » qui correspondent à 17 et 18 ans et la catégorie « junior » pour les 19 et 20 ans. J'étais alors en première année « jeune » et Loïs en dernière année « junior ». « Glouglouglouglou. »

Bessans c'est un site magnifique, mais surtout l'été. L'hiver il fait plutôt froid et le soleil ne descend jamais jusqu'en bas de la vallée. En revanche en belle saison ce coin recèle de sentiers de randonnée, sinuant à l'assaut des montagnes qui culminent toutes à plus de 3 000 m d'altitude. La Maurienne c'est les marmottes dont le sifflement strident nous empêche de passer inaperçus. Durant mes années junior en équipe de France de biathlon et au comité du Dauphiné, nous faisions un stage chaque été à Bessans. A plusieurs reprises, nous avons grimpé en ski à roulettes en haut de l'Iseran, passage entre deux montagnes qui détient le record du plus haut col routier des Alpes, avec ses 2 764 m d'altitude. L'été, un vent se lève les après-midi, une brise de montagne créée par la différence de températures entre deux masses d'air et qui se révèle être un très bel exercice pour l'entraînement au tir dans des conditions difficiles. On allait également à Bessans en début d'hiver car la neige arrivait plus vite sur ce site réfrigéré snobé par l'astre brûlant. Je préférais l'endroit en été. Mais comme vous l'aurez compris, Bessans on connaissait par cœur. Ce qui nous avantageait peut-être pour cette compétition internationale du mois de janvier 2004. En plein hiver, il fait vraiment froid. Et il devient difficile de quitter la chaleur douillette de nos logements. Surtout lorsqu'il faut y retourner les après-midi, les yeux encore collés de la sieste pour la deuxième séance de la journée, celle qui est cool.

L'entraînement des biathlètes se déroule généralement de cette manière : deux séances par jour tous les jours. C'est un métier quand même ! Un métier très sympa avec pour bureau des paysages magnifiques, en extérieur par n'importe quelle condition et où le temps passé au travail consiste à faire pousser des muscles. Ce qui implique l'engagement de chaque cellule de notre corps, des globules rouges aux poumons en passant par le moindre petit capillaire. Chacun est sollicité à son maximum pour optimiser la performance et l'effort fourni. En somme, les sportifs de haut niveau sont des malades maniaques et psychorigides, obnubilés par leur propre personne.

L'entraînement du matin est globalement le plus important. Le moins drôle, le plus fatigant. Nous sommes condamnés à tourner en rond autour de l'endroit que l'on appelle un « pas de tir » et qui est effectivement le lieu où nous lâchons nos cartouches quotidiennes en visant cinq cibles situées à 50 m. Nous travaillons deux positions : le tir couché et le tir debout. Les après-midi sont en revanche plus variés : petite sortie en course à pied, en vélo, séance de musculation ou séance en ski de classique. Cette deuxième séance par monts et par vaux n'a d'autre but que de faire circuler doucement le sang à travers notre corps afin d'en éliminer l'acide lactique produit durant l'entraînement du début de journée.

Autant le matin peut être difficile car très exigeant mentalement et physiquement, autant l'après-midi est beaucoup plus cool. Mais bizarrement c'est dur de se motiver à ressortir le nez dehors. A se bouger les fesses, à s'extirper d'une couette douillette et de l'oreiller sur lequel nous venons d'écouler un litre de salive… En revanche, une fois que j'y suis c'est le moment où je renoue avec mes histoires fantaisistes et où je me retrouve en phase avec la nature. Ne la considérant plus comme un support d'entraînement mais comme un personnage dans lequel je me fonds. Je prends d'autant plus de plaisir lorsque je profite de ce sport pour voyager dans des lieux différents, nourrissant à chaque nouvel endroit les possibilités de mon autre moi. Mais je peux également rester simple spectatrice jouissant de ce paysage inconnu, m'en gavant les yeux, le gravant dans mes rétines, laissant mes skis me porter au loin.

A Bessans, on peut skier longtemps sur un profil plutôt plat dans trois vallées distinctes. La première monte en direction de Bonneval où l'on trouve des peintures rupestres en bord de pistes, témoignage d'un autre âge, d'autres vies, d'autres conditions bien loin du ski et de la glisse. Une autre redescend sur Lans-le-Villars qu'on n'empruntait pas souvent car après il fallait la remonter… et enfin la vallée d'Avérole.

Moi j'allais fréquemment dans celle-là. Parce qu'elle menait à un cul-de-sac, qu'elle était plus étroite, plus sauvage, suivait un petit cours d'eau gelé et traversait un village de maisons de pierres grises souvent vides. Ce qui m'entraînait inévitablement dans des histoires où Loïs incarnait le personnage principal. Les pistes de cette vallée se prêtent bien aux séances de récupération lorsque les compétitions ou l'entraînement du matin sont passés et qu'on prend un temps calme pour oublier la mauvaise course, profiter du bon résultat ou préparer la prochaine épreuve. C'est aussi pour cette raison que j'ai toujours aimé les sorties sport de plein air. Quelle que soit la discipline choisie, le fait de répéter mécaniquement un geste, d'ajuster son souffle à une allure donnée, permet en quelque sorte d'organiser ses idées, de digérer une action passée, de comprendre ses erreurs, de réfléchir et surtout de créer.

Sans autre but que celui d'optimiser l'errance.

A Bessans, je profitais de ces sorties pour rêver de Loïs. « Glouglouglouglou. » Je m'imaginais tous les scénarios possibles et inimaginables pour le croiser dans le couloir sans qu'il me voie. Je mettais au point des techniques d'espionnage. Ou alors je m'imaginais lui rentrer dedans exprès et en profiter pour lui parler distinctement et réussir à prononcer un truc différent du gloussement habituel, un truc intéressant et subtil qui me ferait sortir du commun des autres filles. Parfois je m'inventais carrément un passé incroyable, une qualité, voire un pouvoir surnaturel, pour devenir subitement quelqu'un. En tout cas quelqu'un de désirable. Et puis tant qu'à y être, j'en profitais pour me refaire le portrait. Mensurations avantageuses, 1,70 m,

90C, mince, yeux violets et cheveux volant au vent même quand il n'y a pas de vent. C'est souvent avec ces dernières rêveries en tête que j'avalais les kilomètres blancs, je passais devant les maisons de pierres grises aux toits lauzés caractéristiques de cette vallée et les intégrais à mes songes. Mes fantasmes se déroulaient là. Je devenais la fille des neiges, capable de commander aux animaux sauvages. Les loups. Les cerfs. Capable de voir la nuit avec eux et de courir pieds nus sur le manteau froid et blanc. Je devenais unique. Et *lui* n'y résistait pas. Succombant à mes nombreuses qualités, à mon 90C et au désir brûlant qu'il devait avoir de m'ajouter à sa liste de conquêtes.

Je me souviens de ces soirées où la lune surgissait sans crier gare derrière les crêtes, éclairant tellement qu'on pouvait éteindre la frontale. La neige renvoyait cette lumière argentée et la vallée prenait des allures de monde glacé, inaccessible à beaucoup mais qui, généreux, déroulait pour les aventuriers son décor majestueux. Là, j'avais beau me plonger dans mes fantasmes, la beauté du paysage s'engouffrait dans ma tête et prenait toute la place, soufflant le reste. Je glissais alors silencieusement, vidée de mes pensées, appelée par la lune. La glisse sur les pistes vides renforçait ce sentiment de solitude et d'exclusivité. Dans ces moments précis, je skiais en allongeant au maximum l'amplitude de mes mouvements. Je ne sais pas pourquoi, comme si l'ivresse de la glisse se trouvait renforcée par la beauté du paysage. Je buvais la nature de tous mes sens.

D'autres soirs c'était l'inverse, un noir épais nous enveloppait. Comme un manteau lourd, étouffant même la lumière de la lampe. C'étaient des soirs humides où la brume qui montait du sol formait comme des petites gouttelettes serrées transformant l'air en une matière épaisse et froide. Ces soirs-là, mes fantasmes eux aussi prenaient corps, devenaient réels et j'avais Loïs pour moi toute seule. Mais qu'importe le temps, quand je rentrais dans ma chambre, j'étais heureuse. Calme. Je partageais cette chambre avec mes compagnes de l'équipe de France. Les conversations, quel que soit leur point de départ, finissaient toujours sur le même sujet : les garçons. Et rebelote. Et je gloussais malheureusement toujours autant. Rendant inutile toute la stratégie d'espionnage ou de rencontre fortuite mûrement réfléchie durant la séance de l'après-midi.

Un jour, alors que je descendais dans le garage pour farter mes skis, je me suis retrouvée face à lui. Toujours *lui.* Et, sans doute dans un état de surprise, j'ai malencontreusement balbutié « Ha ! je t'ai pris pour une housse » d'une voix de petite fille éraillée. *« Je t'ai pris pour une housse » ???* Mais c'est quoi ce truc débile ?! « Glouglouglou » dindon d'un jour dindon toujours. Nulle nulle nulle nulle. J'ai ressassé cette phrase idiote durant toutes les sorties de fin d'après-midi suivantes, je l'ai transformée à maintes reprises mais ne pouvais revenir en arrière. Persuadée d'avoir été ridicule. Je rougissais rien qu'en y repensant. Je me sentais comme une panthère coincée dans un corps de lapin.

Attendant sa proie, ondulant silencieusement dans les herbes pour finalement, une fois découverte, regarder d'un œil rond et stupide le gibier devenir chasseur et détaler sans demander mon reste.

Heureusement que les compétitions me forçaient à quelque chose de concret. Faisant battre mon cœur d'une toute autre manière. Cette année-là nous remportions par équipe le relais dames. J'avais l'impression d'avoir enfin accompli un truc fort. Et puis en fin de saison hivernale, je ne sais pas, comme l'impression que le vent avait tourné en ma faveur, apportant avec lui un parfum de possible. Des regards volés, des mots échappés, des sourires échangés… Et le cœur qui bat. J'avais l'impression de devenir une fille à la mode.

Etant encore au lycée, je m'entraînais avec mes amis du comité et Thierry qui en était l'entraîneur. Toujours aussi exigeant et dur, surtout avec ceux en qui il croyait. J'en prenais parfois plein la tronche. Mais je ne lui en veux pas puisque c'est ce qui m'a permis de monter au haut niveau. J'ai toujours fonctionné par défi. Et puis, mis à part cet aspect intransigeant de sa personnalité, il avait un engouement et une implication sans limites, se consacrant à notre début de carrière, nous soutenant quel que soit notre résultat et forgeant ainsi non seulement des athlètes, mais avant tout des hommes et des femmes capables de se donner à fond pour une cause. Lors d'une séance d'entraînement, à Corrençon-en-Vercors j'avais la tête ailleurs.

Forcément. L'esprit focalisé sur une personne en particulier. « Glouglouglouglouglou. » Vous avez vu ? Même plus besoin de prononcer son nom. J'étais tellement possédée que le seul fait de penser à lui, je gloussais de plus belle. Loïs s'entraînait également. Et ce jour-là il était là. Et comme je le disais, le vent avait tourné. J'avais dû mettre du parfum. Une odeur attirante. Comme une fleur souhaitant attirer l'insecte pollinisateur. Ou bien c'était juste que j'avais grandi. Mais je n'étais plus la gamine assistant à sa sortie de douche, j'étais un peu plus mûre, avec des poils et tout. Toujours aussi bête.

Sur cette séance, Thierry nous houspilla, les résultats de tirs n'étant sans doute pas à la hauteur de ses attentes. Il dardait sur nous son regard bleu acier et essayait de nous remuer afin de déclencher un sursaut d'orgueil de ses élèves, mous et contrits, serrés en rang d'oignons devant lui. Mais ce jour-là il n'était pas le seul à regarder dans notre direction : Loïs aussi, et il me lança un regard que j'estimais langoureux en quittant son tapis de tir.

« Hhhhhhh. » La température monta considérablement. Je pense que des volutes de fumée rose en forme de cœur devaient s'élever au-dessus de moi. Je me noyai dans ce regard comme une ado en pâmoison. Que j'étais. La bouche légèrement ouverte, d'où s'écoulait un filet de bave transparente. Devenue guimauve, je l'ai couvé du regard jusqu'à ce qu'il s'éloigne sur les pistes, et lorsque mes yeux louchant ont fini par retrouver leur place initiale dans leurs orbites, ça a été pour se plonger dans ceux, durs, bleus et écarquillés, de Thierry qui me faisait subitement face. (Tiens, depuis combien de temps il était là lui ??? Je ne l'avais même pas remarqué !)

Gloups. L'air s'était subitement refroidi. Ce jour-là j'ai un peu ramassé. Dorin par-ci, Dorin par-là… signe que j'avais déçu mon entraîneur. C'est toujours une mauvaise chose quand on se fait appeler par son nom au lieu de son prénom ! Mais… en bon dindon écervelé, j'avais encore en tête le regard enflammé de l'homme à la serviette et cela me suffisait. Je pensais que tout devenait possible. Je crois que je n'ai même pas retenu les sermons de Thierry. C'est ainsi que, lors des championnats de France de l'Alpe d'Huez, j'ai réussi. J'ai subitement fait mouche. Ou plutôt, je me suis faite mouche. J'étais devenue cet insecte heureux de s'enrouler dans une toile collante en un cocon offert et consentant. L'araignée m'attendait, regardant d'un œil gourmand son futur repas s'avancer dans son piège étoilé. Tu parles, elle a pas eu besoin de ramer cette fois-ci l'araignée. Son dîner était déjà prémâché par des après-midi de fantasmes. Déjà cuit. Je récoltais ainsi mon premier baiser.

J'ai mis deux ans à intégrer que j'avais enfin pêché LE gros poisson. Affirmant à tous que c'était une passade et que rien n'allait durer. Ça c'est moi tout craché. C'est ma façon de fonctionner. Prêcher le pire pour ne pas être déçue. Une sorte de protection qui ne marche pas et qui ne dupe personne. Au bout de seize ans de vie commune, maintenant j'y crois. Faut dire que la bague à mon doigt ainsi que notre fille de 4 ans m'oblige à rationaliser certaines choses. Loïs a été un tournant. Une des plus belles réussites de ma carrière.

« Glouglouglou. » Pour me rappeler le bon vieux temps. On dirait pas mais les dindons ça a un charme fou ! Désormais je me contrôle, je glousse moins.

Loïs c'est un tournant professionnel. Grâce à lui je suis entrée pleinement dans le sport de haut niveau. Apprenant à ses côtés, observant, copiant sa façon de faire, mettant à profit ses propres expériences, ses réussites et ses échecs. Plus tard, c'est encore grâce à son regard que j'ai continué à progresser, à son soutien sans faille que j'ai surmonté des déceptions. Il savait me pousser à bout et surtout m'en faire tirer profit. Toujours présent, avec des lettres ou des mails lors de mes déplacements. Tellement drôles. Qui me donnaient envie de me dépasser. J'ai vécu ma carrière en me contemplant dans son regard, en essayant d'y voir de la fierté, comme un reflet de ce que je pouvais être. Et quand j'en trouvais, c'était la plus belle des récompenses. Je me sentais alors gonfler comme un ballon de montgolfière qui m'emmènerait toujours plus haut dans les airs. Ce n'était pas normal, c'était bien. Il est tellement difficile de voir sa moitié réussir là où parfois on aurait souhaité soi-même aller plus loin. Car c'est ce qui s'est produit, après une carrière plus qu'honorable, il a dû renoncer au biathlon en 2012, avec regrets et déception. Mais il a continué à me faire progresser. Je voulais le rendre fier, il me rendait unique.

Loïs c'est un tournant personnel. Comment dire. J'ai encore l'impression aujourd'hui de glousser mentalement pour rien lorsque je le retrouve après un temps d'absence. De perdre le contrôle de mon corps qui se rebelle contre tout ordre que je pourrais lui donner, changeant de maître à sa vue. Je me suis sentie aimée, sans conditions. Je me suis sentie vivre. Pleinement. Avec lui je me sens belle sans avoir besoin de m'habiller. Je suis devenue Marie. Sa Rie.

La sueur ça mouille !

« Le succès, c'est se promener d'échec en échec tout en restant motivé. »
Winston Churchill

J'ai mis du temps à gravir les trois marches du podium. On peut même dire que je suis une athlète qui s'est « faite sur le tard ». Après de très corrects résultats en catégorie « jeune », et des débuts de performance acceptables sur le circuit coupe d'Europe, bah… j'ai eu comme un flop. Une sorte de trou, d'années creuses et molles où je sonnais creux et j'ÉTAIS molle. Partout. Mes jambes étaient molles, ne me portant plus assez rapidement sur les skis, mes bras mous pendaient tristement au bout de mes bâtons rigides. Efficacité zéro. Et enfin ma tête également, malgré son contour rigide et osseux, avait liquéfié son contenu en une boue glaireuse et opaque rendant incohérent tout jugement. Par exemple, lors des championnats du monde junior à Martell en Italie, j'avais réussi l'immense exploit d'enchaîner un 10 sur 10 derrière la carabine sur le sprint et de réitérer avec un 20 sur 20 à la poursuite. Et malgré ces tirs parfaits, j'avais perdu des places. J'avais reculé ! C'était un signe. J'étais rôtie. Cuite à point.

Je me sentais inutile, faible, accueillant chaque nouvel échec comme la preuve que je n'étais peut-être pas faite pour ce sport. Pour la compétition. Ces années-là, pour gagner un peu ma croûte, j'avais tenté de nouvelles choses : secrétariat, ménage, vente de poulets sur le marché et séminaires de biathlon. Après une année d'errance scolaire à la fac de langues (y a qu'à voir mon niveau d'anglais pour confirmer cette erreur de parcours), je me suis embarquée dans de nouvelles études. Grâce au télé-enseignement relié à l'université de Marseille, je me suis inscrite pour une licence de biologie environnementale. Bingo !

Et comme le ski ça ne marchait pas, je me suis lancée à fond dans cette nouvelle branche qui résonnait en moi. J'apprenais la phylogénie, cette manière d'apparenter les êtres vivants, de leur trouver un papa et une maman. Parfois les liens de parenté sont décevants… genre imaginez qu'on vous dise que votre lointain cousin est une méduse ? Bof, vous auriez préféré un animal plus sympathique. La phylogénie c'est ça : remonter la filiation des êtres vivants jusqu'au premier petit truc qui a initié tout le reste jusqu'au summum de l'évolution : Marie Dorin-Habert. Bon, OK je rigole.

J'apprenais le cycle des plantes, leurs techniques de reproduction quelquefois surprenantes, que je déconseille de tester en tant qu'humain. Je découvrais aussi l'intérieur des animaux avec les cellules et tout, et puis les minéraux composant les roches. Je revoyais la tectonique des plaques et me disais que ça devait être plus simple pour les voyages auparavant, vu qu'il n'y avait qu'un seul continent. Je me faisais mes petites fiches de révision, titres en rouge, surlignés en fluo, élève consciencieuse et appliquée, et j'allais passer mes examens en juin à Marseille Saint-Charles.

Je n'étais pas la seule à avoir choisi le télé-enseignement. Grâce au pôle France de Prémanon, d'autres skieurs s'y employaient également dans différentes filières. Les cours nous étaient envoyés par courrier, des tonnes de feuilles écrites en noir sur blanc que je recevais chaque mois en pestant devant la dose d'informations que j'allais devoir ingurgiter. C'est marrant car la Fédération française de ski et plus tard l'université de Grenoble ont appelé ce choix de continuer les études le « double projet » ! Si seulement j'avais uniquement un double projet ! Enfin, pour ces études aménagées, on descendait tous en bus sur l'autoroute du soleil, celle qu'on emprunte aussi pour les vacances, sauf que là c'était pour la série d'examens de juin qui s'étalait sur deux à trois semaines.

Ces déplacements étaient l'occasion de rencontrer des gens d'horizons complètement différents. Il y avait des jeunes qui faisaient le tour du monde en bateau et qui de ce fait étudiaient à distance. Ceux-là me subjuguaient parce que comme toutes les filles romantiques, j'imaginais cet univers de voiles et d'embruns peuplé de pirates, d'îles désertes et de rencontres incongrues… Plus tard j'ai eu l'occasion de pratiquer la voile et, après avoir passé quatre jours à baver sur le pont comme une limace dégoûtante dégouttée, je me suis rendu compte que ce n'était absolument pas un sport pour moi. J'ai tiré définitivement un trait sur Jack Sparrow.

On y trouvait aussi des personnes plus âgées, en reconversion, des violonistes en tournée mondiale ne pouvant suivre un cursus scolaire normal et puis, comme dans toutes études, des paumés qui ne savaient pas vraiment pourquoi ils avaient choisi cette filière mais bon, comme il faut bien faire un truc ben ils étaient là. Moi, je me situais entre les artistes en tournée et les paumés.

On était logés au Crous, je me souviens parfaitement de la chambre spartiate aux tons pastel, dotée d'un lit multifonction sur lequel je mangeais, dormais et révisais. Et de cette barre de douche que j'avais cassée car je l'utilisais pour faire des tractions tous les jours. Parce que comme il fallait continuer les entraînements, on bricolait avec les moyens du bord. Au mois de juin, la reprise de l'entraînement est bien entamée et trois semaines sans sport c'est un peu long. Mais le truc c'est qu'il fait chaud à Marseille à cette époque… Et puis la journée est remplie par les cours, les sorties sur le terrain et les examens. Le soir et la nuit étaient consacrés aux révisions, le temps alloué à ce programme dépendait évidemment de la préparation et du travail scolaire effectué en amont. Si besoin, on pouvait en fin d'aprèm avoir accès à la salle de muscu mais pour travailler le cardio, faire grossir son cœur et tout le bazar, c'est pas top. Du coup le principal créneau course à pied c'était le matin, à 7 heures. J'étais tout de même motivée à l'époque.

Durant une demi-heure à quarante-cinq minutes, on partait courir dans la ville, arpentant les rues de la cité phocéenne. A force d'entendre cet autre nom de Marseille, je me suis enfin renseignée sur sa provenance : il vient donc de la ville de Phocée, une cité d'Asie fondée par les Grecs, d'où sont partis les marins qui ont construit le port de Massilia en -600 avant J.-C. J'étais un peu déçue par l'explication, pensant que ça s'écrivait « fosséenne » et que ça provenait de la construction de fosses aux lions ou autres grands prédateurs dévorant les prisonniers. La vérité n'a donc strictement rien à voir avec cette explication. Dommage.

L'objectif de cette sortie était un petit parc situé non loin de Saint-Charles. Le parc Longchamp, un ancien jardin zoologique, fermé depuis 1987 et dont ne subsistent que les vestiges des cages d'animaux. Il y avait là-bas d'anciens enclos rongés par des lianes de lierre, vigne vierge, houblon et d'autres plantes grimpantes un peu partout, aux détours de petits sentiers boisés qu'on parcourait en trottinant dans l'air tiède, encore un peu frais, du matin. J'ai toujours aimé les parcs et autres espaces boisés au milieu des villes. Je trouve que d'un coup on *re*-respire. D'un coup la vie stressante s'arrête et on peut prendre le temps de regarder les arbres et d'écouter les oiseaux. Ça crée une sorte d'espace-temps où les minutes s'égrènent plus lentement. Sauf que généralement ce sont des petits parcs et il faut tournicoter pour faire de la distance. Alors on tournicotait en tricotant des jambes et on repassait trois fois devant l'ancienne cage des ours. Et puis il fallait retourner à nos copies. Alors c'était le retour du béton, immeubles gris, bruit des voitures et gens stressés. La ville qui pue.

Lorsqu'on rentrait dans nos chambres, on suait. Enfin les autres je sais pas, mais moi je suais beaucoup. Et c'est marrant parce que tant que je restais dehors, ça passait encore, mais dès que je m'arrêtais, stoppant également le flux d'air encore un peu frais du matin, *BIM.* Des grosses gouttes salées se formaient un peu partout sur mon corps me coulant des sourcils aux yeux et trempant mon T-shirt. J'en profitais pour faire quelques abdos sur une serviette au sol et des tractions sur la barre de douche jusqu'à ce qu'elle me reste dans les mains, le cul par terre et le rideau sur la tête. Un peu sonnée.

Après fallait un peu se magner. Alors encore suante, j'essayais la douche froide qui n'était pas suffisamment froide et qui n'avait plus de rideaux suite à cette mésaventure avec les tractions. Du coup ça mouillait toute la chambre. Toujours suante j'avalais un yaourt que j'espérais froid et j'enfilais mes vêtements, encore humide mais moins salée, et je courais vers la salle de cours ou d'examens, réduisant ainsi à zéro tous les bénéfices de la douche et reprenant rapidement un goût de sel. Heureusement, j'avais mis du déo.

Les cours étaient instructifs. C'est toujours plus enrichissant d'avoir un interlocuteur donnant vie à des écrits noir sur blanc. Et puis il y a des échanges, parce que dans une classe il y a toujours un type ou une nana intelligente qui pose une question intéressante. C'est jamais moi bizarrement. Mais bon, à la place j'écoute. Remarquez en fait, j'écoute pas toujours. Souvent je dessine en écoutant. C'est un peu comme la course à pied ou la marche, ça me permet d'enregistrer ce que j'entends. Et de laisser voguer mes pensées. Parfois je rate ainsi un épisode ou une question importante et je suis obligée de demander au collègue d'à côté où en est la conversation.

Au collège déjà, je dormais souvent en cours. Et puis j'ai commencé à dessiner. Lors de ma première seconde, avec Nasta, on dessinait toutes les deux des « fresques d'emmerdement » sur les marges de nos cahiers. Dans certains cours elles étaient immenses, elles prenaient toute la place, celle de la leçon elle-même. Ça ressemblait à de grosses fleurs colorées. Un peu comme un champ de messicoles, coquelicots, lin sauvage, marguerites, etc. Dans d'autres cours, elles étaient plus petites. Signe que le cours était soit captivant, soit que le prof nous regardait d'un œil un peu trop menaçant. Durant ma deuxième seconde, je caricaturais mes profs. Ça me faisait bien marrer.

A Marseille, je dessinais surtout les insectes parce qu'il y avait un cours magistral sur la phylogénie (toujours ces histoires de papas et de mamans) où l'on devait différencier les arthropodes. Je ne sais pas pourquoi mais ça m'a marquée. Je me souviens bien du dessin de libellule que j'avais fait. M'attardant principalement sur les ailes et leurs petites facettes dentelées. La journée s'étirait et l'éclat du soleil se faisait peu à peu moins violent, plus doux. L'air moite et épais tombait sur la ville et sonnait la fin des cours.

Parfois, le soir si on avait le temps et pas trop de retard sur les examens du lendemain, on avait le choix entre faire une séance de muscu dans le gymnase ou repartir courir plus longtemps. Cette fois-ci la direction du Vieux-Port ou d'une colline surplombant la ville était préférée à celle du parc zoologique. Le port et ses voiliers. De nouveaux bateaux qui nous plongeaient encore une fois dans des aventures rocambolesques aux horizons lointains. En secret, comme une petite fille, je choisissais le mien mais je suis sûre que chacun se prêtait à ce jeu et s'imaginait à bord d'un des bateaux amarrés dans une vie bien éloignée de la nôtre. Les courses à pied du soir étaient plus chaudes et je m'étonnais de pouvoir suer encore et toujours, intriguée par l'immense réserve d'eau que mon corps pouvait contenir.

Marseille c'est une ville du Sud. C'est le bazar et c'est sale. Je pense que c'est en partie à cause du vent qui vole leur repas aux poubelles en faisant tourbillonner une farandole de plastiques colorés dans une joyeuse danse silencieuse. Des draps sèchent aux fenêtres et les persiennes sont toujours à demi fermées afin de conserver un peu de fraîcheur. Ça sentait les épices dans certains quartiers.

Et l'huile d'olive. Et la merde de chien. Il y avait toujours du bruit. La journée surtout, des bruits de ville, de voitures, de klaxons, de gens pressés et d'écoliers bavards. Des bruits fatigants. Et le soir, comme pour se mêler à la douceur des rayons du soleil, des musiques s'échappaient des fenêtres. Du rap mais aussi beaucoup d'autres sons joyeux et doux qu'on prend avec l'apéro, tranquille, désœuvré, enfin débarrassé du travail quotidien. Cette ville a du charme. Comme pour nombre d'anciennes villes, son histoire se lit dans ses vieilles pierres encore toutes imprégnées des vies qui se sont consumées au fil des siècles. Y a qu'à monter en haut des marches de Notre-Dame-de-la-Garde pour s'en rendre compte. Le regard perdu sur l'horizon bleu de la mer Méditerranée et l'esprit flottant au-dessus, plus loin encore.

Une autre destination très prisée du footing du soir était une colline d'arbustes noircis par un incendie, à la recherche de chemins en terre, pour changer de l'asphalte brûlant. Il paraît que les incendies permettent un renouvellement de la végétation. En attendant la renaissance, le maître mot est plus proche de l'hécatombe. Plusieurs mois après les ravages du feu, les arbustes noircis fument encore comme un dragon endormi. On se croit parachuté au Mordor, condamné à jeter l'anneau de Sauron dans le feu originel de la montagne du Destin. Les incendies donnent des allures lunaires au paysage, desséchant cette végétation déjà malmenée par les rayons brûlants du soleil. C'est un peu triste. Et puis il y a cette odeur, âcre, de brûlé qu'on mange longtemps après, comme un goût de cendre.

Pour accéder à cette colline noircie, on passait à côté d'une grande propriété qui avait l'air incroyable, alors on courait « haut », en faisant des petits bonds pour essayer de regarder au-delà des murs, contempler la richesse des gens. Il y avait une piscine débordante sur la mer, de grands arbres millénaires, du calme. Et puis la maison dépassée, on reprenait nos conversations. On parlait des cours, des examens et d'autres trucs qui n'avaient rien à voir.

Souvent j'y allais seule et j'en profitais pour apprendre mes cours. Parce que courir ça m'aide à organiser mes pensées. Ce qui est drôle, c'est que j'associais ainsi un détail du paysage à une partie de mes cours. Ainsi pour me souvenir d'un théorème ou d'une citation particulière, je pouvais d'abord me rappeler l'endroit que je traversais lorsque je récitais ma leçon et le contenu recherché me revenait alors en mémoire. On a tous nos techniques d'apprentissage. C'était la mienne. Ça l'est toujours.

Lorsque je rentrais, je savais exactement ce qu'il fallait que je marque dans mes pompes pour l'examen du lendemain. Parce qu'en fait je trichais. Bon, on trichait tous. Je ne dis pas ça pour faire passer la pilule mais c'est la vérité : jusqu'à une heure avancée de la nuit, on se fabriquait chacun de son côté des petits papiers blancs ou roses. (Ou jaunes ou verts ou bleus aussi, en bref des papiers de la couleur des feuilles de brouillon qui accompagnaient les copies blanches… Pas folle la guêpe ! C'était presque du crime organisé !) On cachait notre délit dans nos trousses ou nos manches, repliés mais pas trop car ce n'est pas pratique de devoir défroisser les solutions interdites en salle d'examens. Des sortes de pense-bêtes rassurants qu'à force d'écrire on finissait par apprendre. Finalement une fois sur deux, je n'en avais plus besoin, mais de les avoir avec moi ça me donnait l'assurance de pouvoir pallier un trou de mémoire. La première année, j'étais plutôt sûre de moi, j'avais bien bossé et du coup j'avais pas eu besoin de veiller tard la nuit pour remplir mes pompes. Je lisais peinard un roman en mangeant des carottes sur mon lit-table-bureau. Parce que comme il n'y avait pas de frigo, je mangeais exclusivement des carottes.

La seconde année de licence, un peu moins bonne élève, j'avais parfois recours au stratagème douteux de la pompe. La dernière année c'était carrément abusé. Mes antisèches avaient la taille d'un cahier et je veillais jusqu'à 2 ou 3 heures du matin pour les remplir. Je me couchais alors, le cerveau en triangle bouillant et les yeux carrés clignotants en essayant de trouver le sommeil malgré le *boum boum* des étudiants d'à côté qui eux, avaient terminé depuis longtemps leurs examens.

Hop le cycle des plantes, la composition des roches, les minéraux, la reproduction des cellules et tout le tralala… Tout consigné dans mes petits papiers bien au chaud avec moi ! Héhéhéhé. En fin de compte, le jour des examens je ne m'en suis jamais vraiment servi. L'encre écoulée sur le papier avait déteint dans ma tête avec le contenu des cours inscrit en noir sur ma mémoire.

Comme on restait deux ou trois semaines, on avait le choix entre rentrer le week-end chez nous, en train, ou rester à Marseille. Loïs venait me retrouver et on passait le week-end dans les calanques avec des copains. Parce que les calanques c'est quand même un endroit magnifique. Des immenses falaises blanches baignant leurs pieds de calcaire dans l'eau turquoise. On dormait dans notre hôtel trafic. Du 5 étoiles. Le camion aménagé avec une planche de bois et un vrai matelas, un réchaud à gaz et tout le matériel sportif dont on pouvait avoir besoin. Il était plein à craquer. Après avoir mangé des pâtes aux sardines, des melons et des cerises car c'était la saison, on y dormait comme des loirs, les yeux encore remplis du coucher de soleil sur la mer, les oreilles résonnant encore du cri des mouettes. Le matin on allait s'entraîner chaudement, suant à qui mieux mieux dans les chemins blancs et poussiéreux du parc national des Calanques de Cassis. Ça sentait le sel, le thym et le romarin. Courant dans les éboulis et les lapiaz, on passait devant des pins d'Alep, tout tordus par les vents violents balayant la garrigue. D'autres fois un bosquet jaune de genêt emplissait nos sens d'une odeur de vanille. Ça sentait les vacances et on était plutôt seuls. La saison touristique n'ayant pas encore débuté avec ses va-et-vient de bateaux remplis à craquer de gens empestant la crème solaire et manifestant leur venue bruyamment. Moi je ne mettais pas, à tort, de crème solaire et je finissais invariablement le week-end rouge. Ecrevisse. Clignotant même la nuit. Pelant ensuite comme un fruit trop mûr. Supportant à grand-peine le poids du T-shirt sur ma peau à vif. J'étais vraiment débile.

Et puis le lundi arrivait, grincheux. Lundi ça sonne avec gris et ça rime avec ennui. C'est triste comme mot. Et puis là il fallait quitter l'hôtel trafic, les pâtes aux sardines et le farniente pour retourner aux carottes, au footing sur le béton, aux cours et aux examens. Finie la trêve du week-end, subitement je regrettais de n'avoir pas profité de mon temps pour réviser et je retournais griffonner fébrilement des pompes volumineuses.

Ces années à Marseille restent de très bons souvenirs. J'avais l'impression de sortir soudain de ma vie bien rangée d'athlète de sports d'hiver, remplie par les mêmes personnes, de la routine des entraînements quotidiens et de cette façon d'être obnubilée par mes sensations déclinantes. Je me frottais à un monde ensoleillé et vivant. Un monde bruyant et bien trop chaud pour moi mais qui me dépaysait et me ressourçait.

Durant ces années, je me suis refait une santé. Mentale surtout. Grâce à quoi ? A un ensemble de facteurs comme d'habitude. Il n'y a jamais une seule cause pour une conséquence mais une infinité de petits riens qui s'assemblent pour réparer et faire grandir corps et esprit vers un nouvel avenir. Le fait d'avoir changé d'univers m'avait ouvert les yeux sur autre chose. Et la réussite de ces études m'a permis de digérer les échecs consécutifs des saisons hivernales précédentes. Je me suis concentrée sur un truc différent, ouverte à d'autres disciplines, j'ai rencontré d'autres personnes, croisé d'autres vies. Et mon esprit s'est peu à peu détaché du résultat brut de la compétition. Le biathlon est redevenu un loisir et non plus une nécessité. Et la forme est revenue, à pas de fourmi.

Quand bien même, j'avais toujours autant envie de réussir les skis aux pieds, je savais que je pouvais trouver d'autres sources de passion et de motivation dans un autre choix de vie. Le mental ainsi ressourcé, je me suis reposée physiquement aussi. Mon corps a encaissé les années d'entraînement et s'est remis à progresser, à fabriquer des muscles, à les oxygéner correctement et mes résultats sont revenus timidement.

Le fait de m'inscrire dans la filière sciences et vie de la terre m'a également permis de mieux comprendre la nature des paysages que je traversais pour m'entraîner. Avec cette connaissance supplémentaire, j'appréciais d'autant plus leur complexité et le lien qui unit chaque composant s'offrant à la vue, à l'ouïe ou aux narines. Ce qui me donnait envie d'en savoir davantage et particulièrement de tout mettre en œuvre pour les protéger. C'était pour moi le début de l'éveil à l'écologie.

La suite des études s'est faite à Grenoble, à la vraie fac avec les vrais autres étudiants normaux. Etudiants qui avaient toujours le même âge au fil des promos successives, moi seule avait l'apanage de vieillir chaque année… Non pas en redoublant la même classe mais en étalant les études sur plusieurs années pour combiner ce « double projet » avec la compétition.

La suite du ski s'est faite en coupe du monde, dans le groupe A de la Fédération française de ski. Avec notamment Sandrine Bailly, Vincent Defrasne, Sylvie Becaert ou Marie-Laure Brunet, qui sont restés des sources d'inspiration et dont j'ai beaucoup copié certains modes de fonctionnement. Apprenant de leurs expériences, attentive à leurs comportements. Au début, à 21 ans, donc en 2007, je faisais partie des plus jeunes. Ensuite, chaque olympiade venait changer le nom des participantes, comme un cycle continu de quatre ans où les individus se succèdent tour à tour. J'ai tenu cette farandole rythmée par les courses et les entraînements jusqu'en 2018. Mais ça, c'est la fin de l'histoire…

C'est l'histoire de l'ours invisible qui tombe sur des médailles

« Celui qui marche sur les pas d'un autre
ne laisse pas de trace. »
Anonyme

Et vous ? Comment imaginez-vous le Canada ? Est-ce que cela vous évoque des étendues sauvages enlaçant l'horizon, des forêts de conifères à perte de vue, des vallées larges dominées par des montagnes aux sommets enneigés, des fleuves aux méandres tourmentés non contenus par des berges mais laissés libres d'agir à leur guise comme aux origines de ce monde ? Des herbes rousses émergeant des marécages, une forme brune et vague dessinant le contour d'un ours au milieu du paysage ? Moi c'est comme ça que je l'imaginais. Et c'est presque comme ça que je l'ai vu.

Pourtant, parmi les seuls endroits que j'ai eu la chance de visiter dans cet immense pays, il y a le côté est des Rocheuses avec Canmore. Avec son train de cinq minutes et 2 km de long, avec ses rues droites comme dans les westerns où les échoppes évoquent également ces livres peuplés de trappeurs qui poussent le portillon pour écluser du whisky. Là-bas, les vallées larges m'ont permis de retrouver mes esprits.

Il est temps pour moi d'introduire Polo. L'entraîneur de tir des filles à la Fédération française de ski. Polo il n'a pas d'âge. Il ne vieillit plus. Je m'interrogeais sur sa naissance : si ça se trouve il est né vieux. Et le jour de sa mort on écrira sur sa stèle : « Polo, 50 ans de 0 à 90 ans. » Il ressemble au grand-père que vous avez envie d'avoir : barbe d'une semaine, regard bienveillant, le mot rare mais juste, avec des tas de petites manies qui rendent le personnage sympathique.

A la suite d'une compétition sur ce site de Canmore, que j'avais sabordée à grands coups d'anneaux de pénalité, je n'en finissais pas de grogner et de m'apitoyer sur mon sort. « Gnagnagna, j'ai encore mal tiré, gnagnagna j'en ai marre, j'y arriverai jamais et puis d'ailleurs j'ai mal aux jambes et puis je suis trop nulle et patati et patata. » Et j'en passe. Relou. J'avais été invitée dans la chambre des entraîneurs pour débriefer cette course et j'avais continué cette autoflagellation ridicule. Je m'attendais à être brossée dans le sens de mes poils et au lieu de ça je me suis fait voler dans les plumes… Par mon Polo ! Je ne m'y attendais pas et le choc m'a assommée, j'ai ressenti soudain des grosses boules se nicher au fond de la gorge tout en me rendant compte du ridicule de la situation.

Je suis ressortie de leur tanière la queue basse, en essayant d'avaler ces poids qui prenaient du volume mais n'osant plus proférer la moindre plainte. Arrivée dans ma chambre, les boules dans ma gorge avaient encore grossi. Alors de peur qu'elles n'éclatent sur ma colocataire, je suis sortie prendre l'air, chaussant mes baskets et partant courir sur un tout petit chemin qui reliait le fond de ces grandes vallées. Et, au rythme de mes foulées, je regardais au loin le sommet des montagnes. Petit à petit je laissais se dissoudre mes petits tout petits problèmes de biathlète déçue par une course dans l'infiniment grand. Mes boules rétrécissaient, passaient des oranges aux cerises puis devenaient des M&M's. Et je finissais par les avaler, les digérer et enfin les oublier.

La nature avait encore une fois joué son rôle. Apaisante, bienveillante, apportant des réponses sans parler. Auprès de sa présence grave et immuable, je me sentais toute petite ce qui rendait les maux de mon quotidien insignifiants. Lorsque je rentrais dans ma chambre, j'avais mangé mes M&M's, plus besoin de les partager avec d'autres. Je me sentais rassurée et prête à repartir sur une page blanche. Le lendemain je terminais deuxième, heureuse auteure d'une belle course. Merci les montagnes. Merci mon vieux Polo !

Au Canada j'ai aussi eu la chance de débarquer quinze jours sur la côte ouest. 2010, JO de Vancouver, l'île des monts Washington et Whistler, sorte de Disneyland transformé en station d'hiver. C'est là que j'ai eu l'impression de voir les immenses forêts de conifères, la côte pacifique découpée en une multitude d'îles bordées de marécages. Des étendues vertes et sombres dévorées par les pointes des sapins et dénuées d'empreinte humaine. Il paraît que sur la côte ouest les loups mangent du poisson. Moi je m'y suis sentie bien.

Nous étions partis pour un stage de sept jours sur l'île de Vancouver, Mount Washington, pour nous habituer au décalage horaire et passer un moment de cohésion avec toute l'équipe. Les locaux nous ont décrit cette saison-là comme une « petite saison », sans neige. Pourtant, le couloir menant aux appartements où nous résidions était souterrain. La neige submergeant le premier étage. Les chalets avaient des toits très pointus et très hauts témoignant justement de cette tendance à recevoir un fort enneigement (jusqu'à 8 m de neige cumulée les grosses années). Ouaaaaaaaaah. Jamais vu ça !

De toute façon j'étais émerveillée par tout. D'abord parce que j'avais eu la chance d'avoir gagné un billet d'entrée, dernière sélectionnée du groupe de quatre filles autorisées à porter un dossard français sur ces olympiades. J'avais eu une progression timide mais constante depuis mes années junior, en passant par ces trois années de gros vide physique de 19 à 21 ans pour revenir doucement mais sûrement au contact, faire une première saison complète sur le circuit mondial en 2008-2009 et décrocher mon premier podium individuel. La saison suivante je me sélectionnais donc comme quatrième relayeuse et titulaire des autres courses pour les JO de Vancouver.

D'où ma présence sur cette île. D'où mon émerveillement naïf, sentiment que j'ai toujours eu du mal à cacher même en prenant de l'âge. Tout était nouveau, j'écarquillais les yeux et je m'imprégnais de tout nouvel endroit que nous traversions. Même si c'étaient les toilettes de l'aéroport. Alors faire un stage sur une île remplie de neige vous pensez, une aubaine!

Et TOUT était bien. Sans doute était-ce dû à un état d'esprit positif: quand on a envie de kiffer, on kiffe, point. A l'inverse, il m'arrive d'avoir un tel *a priori* négatif sur certaines choses que forcément, ça se passe mal. Mais là, j'avais la pêche et la banane. Juste un peu triste de n'avoir pas pu emmener Loïs dans mes valises. Un peu. Car en vrai j'étais trop excitée par l'événement. Et puis «l'ouest» évoquait beaucoup de choses pour moi. Il me permettait de renouer avec les ouvrages de Nicolas Vanier, de mettre des images sur un paysage décrit dans un livre. Bref, beaucoup de symbolisme me rattrapait dans ce voyage.

Au-delà du lieu, c'étaient quand même les jeux Olympiques! Avec les stars et tout et tout. Pour nous préserver de l'événement, nous étions donc «en famille» sur cette grande île, arrivés de nuit après un voyage éreintant de trente heures (toujours un plaisir de voyager avec une arme… même de biathlon, surtout si on passe par les Etats-Unis). Nous n'avions découvert la place que le lendemain matin, les yeux encore tout englués par le décalage horaire et la fatigue du voyage. Mais on s'est désenglués rapidement en se rendant compte de la chance qu'on avait de passer une semaine dans cet endroit. Il y avait de la neige, des pistes enneigées, des montagnes saupoudrées, des sapins chargés, neige neige neige et encore neige. J'adore quand on peut chausser les skis en sortant de notre hébergement. C'était le cas. On était tranquilles, loin de l'effervescence des Jeux, loin de la pesanteur des journalistes, dans un cocon familial.

Les pistes bordaient nos appartements et nous partions à l'entraînement le matin sans véhicule. Ce qui signifiait également que je pouvais me lever au dernier moment, comme à mon habitude, privilégiant le sommeil au repas, très souvent en retard, digérant à grands rots le petit-déjeuner avalé en express.

Le matin, ski sérieux et tir. L'après-midi, libre. Libre ! Je rêvais de pouvoir observer un ours. Alors je partais seule, j'étais fréquemment seule à cette époque. Nous avions un groupe très sympa, un peu hétérogène en âge mais nous travaillions bien, en bonne entente. Seulement, chaque athlète avait ses propres habitudes et son envie de solitude. Les après-midi je partais seule pour ma séance de récupération. Mais j'adorais ça. Habitude longuement travaillée, je m'immergeais alors dans ces rêveries qui ne me quittaient jamais.

Cette fois-ci, j'avais cette idée d'ours en tête. Je chaussais mes skis de classique. A la différence du skating qui ressemble au patinage, le pas alternatif s'apparente à de la marche avec des skis. Les pros hurleraient en lisant cette description mais n'étant pas pro elle me paraît acceptable. Cette marche à ski m'emportait pour une heure trente de vadrouille sur les pistes sinueuses de l'île. On n'y voyait rien car il avait neigé presque toute la durée de notre séjour. L'air était épais et humide. Les flocons, gros comme des soucoupes, s'entêtaient à vouloir recouvrir chaque bosse d'une couche toujours plus épaisse de matière blanche. Etouffant aussi le moindre bruit.

Au début j'étais super motivée. Mais, au fur et à mesure que je m'enfonçais dans les bois, dépassant des formes arrondies de cailloux enneigés ou de petits sapins enfouis, mon courage déjà ténu s'étiolait. Je me rappelais ces trucs sur les ours. Comme cette joggeuse canadienne qui s'était fait croquer, walkman dans les oreilles, par une rencontre poilue imprévue. J'enlevais précipitamment la musique de mes oreilles à moi, à l'affût du moindre bruissement de branches. Et puis j'essayais de me souvenir de ce qu'il fallait faire en cas de rencontre fortuite. Je ne savais plus bien s'il ne fallait pas bouger et « faire le mort » ou bien au contraire faire un maximum de bruit pour l'effrayer, ou bien encore fuir. Je croyais savoir que ça dépendait du type d'ours rencontré, si c'était un ours brun ou bien un grizzli. Non, en fait pas fuir, je crois que ça c'est LE truc qu'il ne fallait pas faire.

A la fin de la séance, je n'avais plus du tout envie de voir un ours. Je priais même pour ne jamais en voir de ma vie. En revanche, j'étais persuadée que l'ours *me voyait*... Cet ours-là avait faim et sentait en moi un fumet alléchant, une très belle manière de rompre son jeûne hivernal. Et puis soudain cette conversation avec un gars d'ici me revenait en tête, fort à propos. Les ours, lorsqu'ils sortent d'hibernation, recherchent en premier des trucs caloriques et sucrés. Le mec avait dit en rigolant qu'il valait mieux dans ces cas-là avoir un pote gros et gras qui court moins vite que soi. Et subitement mes poils se dressaient sur mes bras et dans mon dos, au souvenir des quatre plaquettes de chocolat et autres gourmandises que Loïs avait cachées dans mes valises, joliment emballées en quatre paquets égaux. Une par semaine d'absence avec un petit mot chaque fois. Pendant un jour j'étais fermement résolue à attendre patiemment chaque début de semaine suivante pour ouvrir le paquet correspondant. Le troisième jour j'ai finalement englouti goulûment sans même partager avec mes collègues la totalité du contenu des paquets... Après j'ai culpabilisé. Un peu. Vaguement pendant une minute.

Mais du coup, là, au milieu des bois je regrettais ma gourmandise. Je me disais que je devais empester le sucre et le gras. Et que l'ours, tous ses sens aux aguets après des mois de jeûne forcé, devait me sentir à des kilomètres à la ronde. Alors, la peur au ventre, j'accélérais doucement ma cadence pour en fin de compte faire de cette sortie récup une véritable séance intensive très loin du but initial. Mais j'adorais ça. Puisque le lendemain je récidivais. (Remarque, l'odeur de sucre et de gras devait s'estomper à force. Et puis je me douchais tous les jours aussi. Pour masquer.)

Je n'ai jamais vu d'ours. Il devait encore dormir ou bien je ne devais pas sentir assez fort le sucre. En revanche durant les Jeux, un ours a passé sa tête au-dessus de la piste de bobsleigh. Drôle quand même ! Ours ou non, j'ai eu l'audace de dire à Loïs que je n'avais malencontreusement plus de provisions pour les deux semaines suivantes... Que s'était-il passé ? Je ne savais pas... Il m'en a fait remonter par mon papa qui s'est décidé à venir encourager sa fille la dernière semaine des JO.

Ensuite, le stage terminé nous avons rejoint le village olympique à côté de la station de Whistler. Nous étions logés dans des petits appartements sans prétention. Par nation et par discipline. L'occasion de passer du temps ensemble, de se retrouver dans les canapés en cuir noir du salon. Il y avait dans ce village des petits bars où des concerts se donnaient certains soirs. C'étaient des JO à échelle humaine et je pense que c'est la raison pour laquelle je les ai préférés aux autres olympiades que j'ai eu la chance de disputer.

Nous n'avions pas pu assister à la cérémonie d'ouverture. Car nous courions le lendemain matin et qu'elle se déroulait à Vancouver, à deux heures de route de notre village. Nous l'avions vue à la télé. Nous imprégnant de l'ambiance que dégage cet événement sportif. J'avais eu les poils tout hérissés devant le petit écran en me rendant compte que je faisais vraiment partie de l'aventure ! En revanche, je me souviens parfaitement de la cérémonie de clôture, magnifique. A la fin de ce dernier spectacle, il y avait sur la scène un beau bazar : tous les athlètes, toutes les mascottes, toutes les décorations du spectacle, les drapeaux, les costumes et les couleurs de la feuille d'érable. Tout le monde dansait sur les chansons d'Avril Lavigne, star canadienne du moment.

Le site de compétition bien que petit avait quelque chose de très convivial. Et surtout on pouvait aller skier ailleurs que sur notre piste de course. Et c'est très important pour moi, lorsque je suis condamnée à rester trois semaines au même endroit, de pouvoir varier les plaisirs de sorties glisse. Cependant le site de course était plutôt loin de notre logement : on mettait facilement trente minutes en bus pour le rejoindre. Ce trajet quotidien offrait donc un long moment de réflexion, de gestion du stress où je regardais défiler les kilomètres boisés par la fenêtre. Des forêts de conifères. Et des conifères et encore des conifères et toujours des conifères. Pas d'habitations, une route très large. Un jour on a aperçu des coyotes la longeant. J'étais contente même s'ils m'ont paru un peu pelés, maigres et petits. Bien loin des gros loups à la fourrure dense et soyeuse de mes songes.

Juste par curiosité, regardez sur le site de Whistler. Pour vous rendre compte de l'endroit. Regardez les montagnes. Ça donne envie de skier, non ?

A Vancouver, sous une bonne étoile et bénéficiant de conditions avantageuses je récoltais la première médaille française de ces olympiades. A la surprise générale, la mienne comprise. Des quatre athlètes sélectionnées pour courir ce sprint, j'étais la moins qualifiée pour la médaille. Pour établir une liste de départ, les coureurs sont répartis dans quatre groupes de taille plus ou moins égales. Les entraîneurs choisissent de placer telle ou telle personne dans un groupe en fonction des conditions météo annoncées la veille. Et puis, au sein de chaque groupe, les dossards sont attribués par tirage au sort. La plupart du temps, les meilleurs athlètes partent dans le groupe 2 ou 1. Sauf si de la neige est annoncée le jour de la course. Dans ce cas, il vaut mieux partir derrière et laisser les premiers dossards damer la piste. C'est ce qui était prévu ce jour-là. Des chutes de neige humide, collante et peu glissante.

Dernière sélectionnée, je devais partir dans le groupe 1. Dossard 10. Mais il n'a pas neigé. Au contraire, il faisait beau et assez doux. Je bénéficiais donc des meilleures conditions puisque la piste s'est dégradée au fur à mesure de la course sous l'effet de la chaleur alors que j'avais profité d'un fond compact lors de mes trois passages, renvoyant mes poussées efficacement. Et d'une belle glisse. Ainsi, réunissant tous les ingrédients pour réussir : forme physique, tir parfait, skis ultra glissants, je réalisais une belle performance. Une médaille de bronze. Un truc de dingue. Genre le truc qui t'arrive et tu regardes un peu partout en cherchant la blague, scrutant les visages pour essayer de ne pas tomber dans un piège ou une caméra cachée. Cette fois-ci je n'ai pas mis deux ans à y croire comme pour ma pêche au « big trou love » mais quand même, j'avais trouvé ça gonflé de ma part de sortir une course incroyablement réussie aux nez et à la barbe de tous. Je ne trouvais pas ça normal que la dernière sélectionnée se retrouve médaillée. Mais je n'allais pas pousser le bouchon jusqu'à me plaindre de cette soudaine réussite. Sautant partout depuis l'arrivée de la course à 11 heures le matin pour manifester ma joie comme un jeune chien, j'avais à 22 heures heure locale eu un coup de barre foudroyant. A force de rebondir. Me sentant perdue au milieu de toute cette effervescence, et par esprit de contradiction, je me souviens d'avoir eu envie d'être seule et d'aller courir dans les bois pour remettre de l'ordre dans ma tête. Mais je n'ai pas pu. Alors je suis rentrée me coucher pour sombrer comme une pierre dans une nuit sans rêves.

Mon père est arrivé la deuxième semaine avec le renfort de provisions sucrées (que j'ai englouties tout aussi voracement que la première fois). Lui aussi a été charmé par ce sentiment d'espace, de conquête de l'Ouest, ruée vers l'or, vieux blues et compagnie. Je ne sais pas si ce sont les légendes qui hantent certains lieux ou certains lieux qui créent les légendes. Moi j'étais fière qu'il traverse océan et continents pour venir me voir.

Durant la deuxième semaine j'ai récupéré une deuxième médaille. Argent cette fois et pas grâce à moi… Maillon faible de l'équipe, j'ai dû me faire déborder par trop de pression. Je partais en troisième position et les deux premières relayeuses ayant réalisé une course parfaite m'ont lancée en tête de la course… Malheur, j'ai pété un boulon sur le tir couché et je suis allée visiter l'anneau de pénalité deux fois, pénalisant mon équipe de plus d'une minute perdue sur la concurrence. La mort dans l'âme j'ai pleuré comme une petite fille aux yeux de tous. Inconsolable, montant en coloration carnée au fur et à mesure que les larmes inondaient mon visage. Un vrai raz de marée. Je me transformais en grosse madeleine rouge pivoine, teinte qui me colle à la peau, pile sous les caméras et autres appareils venus profiter du spectacle. Pitoyable. Honteuse et surtout très déçue d'avoir manqué à mon rang. Après j'avais le hoquet.

Deux heures plus tard, médaille au cou et avec l'impression que mes relayeuses ne m'en voulaient pas trop, je pointais un timide sourire au coin des lèvres. Savourant malgré moi le métal argenté qui pesait sur ma poitrine. Cinq heures plus tard j'oubliais complètement les anneaux et les médailles, suffisamment imbibée pour souhaiter les échanger contre un aliment liquide. Quand on commence à donner dans le pitoyable, pas de quoi s'arrêter. Le hoquet est revenu, pour d'autres raisons. Je suis repartie du Canada encore saoule mais avec des souvenirs plein mes valises. Je n'avais pas vu l'ours invisible mais je ramenais deux médailles. Bosselées et un peu rayées à force de les trimbaler partout. Et puis des photos. Et par-dessus tout un sourire qui ne s'effacera sans doute jamais au souvenir de cette quinzaine sur le continent américain.

Froideur russe, marche blanche

Réfléchir en stratège,
Agir en primitif.
René Char

Grâce à ce métier, puisque c'en était devenu un à force d'entraînement, j'ai pu voir quelques parties de notre planète. Comme des petits points que l'on découvre sur une carte à gratter, ne dévoilant pas tout d'un monde lointain mais seulement une petite portion. C'est un peu la même chose que de goûter à un plat nouveau : par prudence, on en met un peu dans son assiette, on goûte et ensuite on y revient si le goût nous a plu. Avec le biathlon j'ai pu goûter des petits bouts de pays. Parmi ceux qui m'ont le plus fascinée, je place en tête la Russie. Gourmande, je prends donc l'exemple d'un immense pays alors que je n'en ai vu que de minuscules petits morceaux.

Le premier auquel je suis venue m'attaquer plusieurs fois, car une étape de coupe du monde se déroulait là-bas chaque fin de saison, se situe au milieu de la Russie, en Sibérie, à Kanthy-Mansiïsk. Déjà, avant d'arriver à Kanthy dans un avion russe, on survole des immenses plaines blanches (on est en hiver) remplies de vide. Toutes plates, sans un arbre, quadrillées en damier. L'hiver transforme ces étendues en jeu de dames, avec des cases tantôt blanches, tantôt noires. Le vent balayant par endroits le drap blanc et froid d'un lit vide. Je pensais que c'était là des kolkhozes, ces immenses coopératives agricoles qui ont émergé en 1920 au sein de l'Union soviétique. Au départ volontaire et spontanée, cette mise en commun des biens et des terres fut rendue obligatoire sous la main de fer de Staline dans le cadre de sa politique de collectivisation et la suppression progressive des exploitations agricoles privées. Bon, on s'en fiche après tout. Moi je voyais des carrés de taille égale s'étendant sur des kilomètres et des kilomètres, me demandant comment ils avaient réussi à mesurer et tracer tout ça. Bien droit. Ça doit quand même être dur, non ? La nature rude était ici domptée et rendue rectiligne par des mains d'hommes tout aussi rudes. Chacun façonnant l'autre à sa manière, le rendant toujours plus rigide jusqu'à ne former qu'un seul et même ensemble : la Russie.

Ce qui émanait de ces terres dépassait le terme d'agriculture. En moi, seuls résonnaient les mots « froid », « hostile », « seul ». Et ça collait parfaitement avec l'idée que je me faisais de ce grand pays. D'ordinaire émerveillée par les paysages de neige, celui-ci me rendait un peu triste, comme si la solitude de ces plaines était contagieuse et me contaminait depuis mon hublot. Je collais mes yeux contre le plastique transparent et j'observais passivement la distance augmenter, immensément blanche. Notre arrivée à l'aéroport renforça ce sentiment : militaires en tenue grise, langage inconnu, guttural ou mélodieux selon qu'il est prononcé par un homme ou une femme. D'ailleurs, ce contraste entre les deux genres est assez saisissant et s'étend à d'autres détails : les hommes que j'ai croisés étaient souvent habillés de gris, vêtements en cuir sombre, en peau, chapeaux et bottes noires, tandis que les femmes arboraient des châles colorés rouges, jaunes, bleus, volontiers apprêtées, belles, maquillées et très soignées.

Il y avait aussi cette odeur propre à la Russie : une odeur de peaux, de cuir, de musc et de tabac froid mélangé. Une odeur forte et pénétrante dont je ne m'accommodais pas facilement. Une odeur que je sentais dès la montée dans le Tupolev, ces avions russes qui décollent et atterrissent en piqué.

Enfin, il y avait les yeux-cerveau. Vous n'avez jamais entendu parler des yeux-cerveau ? Ces yeux à la couleur si limpide et claire qu'on peut y voir à travers. Ben les Russes en ont. Certains, pas tous. Mais par exemple le biathlète Garanichev, ou Ustiugov, regardez et vous verrez. Ils ont des yeux-cerveau. C'est très déstabilisant de surprendre un propriétaire d'yeux-cerveau en train de vous fixer. Comme si ça leur donnait un pouvoir. Celui de lire l'intérieur de nos crânes alors que bizarrement, si on regarde bien, je suis sûre qu'on pourrait voir ce qui se trame dans le leur.

Mais par peur qu'ils me jettent un sort, je n'ai jamais osé les défier du regard et me plonger dans le leur.

A Kanthy, la neige est très sale, polluée par le chauffage au charbon. Du coup les skis ne glissent pas et les courses sont dures. A Kanthy, les encouragements russes sont des sifflements dans des sortes de vouvouzela, et c'est perturbant. En revanche, le public est très chaleureux, offrant souvent chocolat, matriochkas et autres babioles. C'est également un endroit où on peut voir des grosses voitures se garer dans une maison sans fenêtres… Par -15 °C… Et puis comme si le chômage n'existait pas, les gens s'occupent.

Par exemple, fait très agaçant : devant l'hôtel où nous logions il y avait un grand parking. Avec de la neige dessus. Et, systématiquement, à chacun de mes séjours sans exception, une personne dans un petit tracteur déplaçait la neige d'un bout à l'autre du parking, changeant l'emplacement du tas tous les soirs. Ça faisait un boucan d'enfer, bruit du moteur en marche avant et « *Tiiiip Tiiiip* » strident en marche arrière. Mais surtout, il travaillait tôt le matin et tard le soir. Sous ma fenêtre. Pétage de câble. J'avais beau mettre des boules Quiès et un oreiller sur la tête, je l'entendais lui et son tractopelle pourri déplacer pour rien ces foutus tas blancs. Etrange.

Comme à mon habitude, je retournais skier en fin d'après-midi à travers les bois. Sous l'œil des militaires en tenue de camouflage blanche. Un jour nous étions parties avec une collègue en hors-piste, « à l'aventure » et nous nous sommes perdues en suivant des traces de motoneige. Encore une de ces fois où la sortie récupération s'est transformée en expédition ! La forêt là-bas est noire, peuplée de pins, sapins et épicéas de Sibérie. Ces arbres supportent des froids sous -50 °C et poussent sur des sols humides. Les conditions de vie rigoureuse du climat continental impliquent une croissance lente. Pourtant, les arbres sont hauts et leurs cimes se balancent en bruissant sous le vent froid. Kanthy-Mansiïsk est bordée par la rivière Irtych, un immense lac et des marécages. Il paraît que l'été, il fait très chaud et que les moustiques font la taille des corbeaux. En débarquant soudain hors de la forêt à la lisière de la ville, nous sommes tombées sur un petit papi au visage tout buriné et à qui nous avons demandé notre chemin.

La langue des signes. Mimer un stade de biathlon à grand renfort de gestes, de sons… Une sorte de « *time's up* » sans sablier ! Et le petit papi de nous répondre dans cette même langue universelle, mêlant à sa gestuelle quelques mots de russe… Cela dit, au bout de dix minutes nous n'avions toujours rien compris. Même les signes semblaient différents dans ce pays. Alors nous avons repris notre route, testant une trace de motoneige au hasard qui s'est avérée être la bonne et nous a ramenées à notre hôtel surchauffé où le type en tractopelle finissait son tas provisoire.

D'autres fois, avant les courses qui se disputaient tard le soir, et souvent sous un vent glacial, j'allais marcher ou trottiner dans les rues gelées qui menaient à l'église dorée, l'église de la Résurrection. Avec ses tours blanches, ses bulbes arrondis feuilletés d'or réfléchissant le soleil pâle de cette région, elle se dresse fièrement, dominant la ville. On mettait exactement dix-sept minutes pour rejoindre l'église soit trente-quatre minutes aller-retour, ce qui est très bien pour se dégourdir les jambes avant la course ou, à l'inverse, pour éliminer l'acide produit durant celle-ci. Un jour, curieuse j'ai voulu visiter l'intérieur. Je ne sais pas si ce sont les restes de caté mais j'ai toujours aimé visiter les églises. Je trouve que c'est calme, grand, propice à la méditation. Et puis j'adore les vitraux colorés et délicatement ciselés en minuscules morceaux de couleurs vives. Une dame en châle noir aux motifs colorés se tenait près de la porte. Lorsqu'elle m'a vue, elle a eu l'air affolé et n'a pas voulu me laisser passer. Je ne comprenais pas pour quelle raison elle s'obstinait ainsi. Et lorsque j'ai insisté pour rentrer, elle a détaché son châle pour me le nouer autour des hanches. J'étais vêtue d'un caleçon de course à pied. Moulant. Ce qui n'était sans doute pas une tenue convenable. Je pense qu'elle ne voulait pas me voir rentrer « jambes nues » dans ce lieu de culte. Le châle noué cachant mes jambes, elle m'a regardée avec un grand sourire. Il était étincelant de dents en or, assorties aux bulbes de l'église.

J'ai visité l'intérieur silencieusement. Allumé une bougie en laissant quelques roubles à la dame et je suis ressortie. Je lui ai rendu son châle et j'ai eu en récompense un autre sourire doré. C'était le jour de mon premier podium en coupe du monde. En mars 2009.

Sur le chemin du retour, je faisais le bilan de la saison des courses. Je réfléchissais à l'organisation de l'année suivante ou alors je laissais ma tête ouverte au vent afin qu'il efface de son souffle tout son contenant.

De la Russie, je garde un autre souvenir bouleversant : le Kamchatka. Parce qu'il se dégage de cette presqu'île un sentiment de grandeur. De magnificence. Forçant le respect. Le même que l'on éprouve lorsque l'on contemple bouche bée un bout de paradis. On a l'impression d'être face à quelque chose qui nous dépasse. Quelque chose qu'on ne parviendra jamais à égaler, nous, humains bâtisseurs. Battus à plate couture par notre maître : la planète Terre. Et celle-ci nous gâte. Démontrant en ces lieux toute sa force créatrice, elle dévoile ses œuvres : montagnes enneigées, forêts foisonnantes, volcans, océan, tout ici était rassemblé pour alimenter mes rêves pendant encore des années.

Kamchatka… Même ce mot a une consonance particulière pleine de magie. En fait il faut y aller pour se rendre compte. Cet endroit fait partie des lieux les plus incroyables que j'ai eu l'occasion de contempler. Avec quelques athlètes, nous avions la chance de fouler le sol de cette péninsule aux 160 volcans dont 29 encore actifs, lors d'un show organisé en fin de saison par un gros sponsor du biathlon russe. Interdite aux étrangers jusqu'en 1990 à cause d'infrastructures militaires ultra-secrètes (on se croirait dans un James Bond), la péninsule est inscrite au patrimoine mondial de l'Unesco depuis 1996. Et pour cause… Imaginez des volcans de 3 000 m d'altitude plongeant leurs racines de géants de feu dans une mer froide. Imaginez qu'il y a là-bas plus de 600 ours bruns, énormes, par millions d'hectares… et puis des loups, des lynx, zibelines et renards arctiques et j'en passe. Il paraît que lorsqu'un ours a goûté à la chair humaine, il faut le tuer sinon il trouve ça tellement bon qu'il recommence. Je n'ai jamais su si c'était vrai ou si c'était une manière de justifier la chasse à l'ours en hélicoptère, activité très prisée des riches touristes de passage.

Moi je n'ai vu aucune de ces espèces. Mais j'ai vu les volcans. Comment les rater ? Ils sont partout. Comme dans les dessins d'enfants : un gigantesque cône d'où s'échappe une fumée blanche. Séparée de la France par onze fuseaux horaires et en fin de saison de compétition, je suis arrivée là-bas, à l'autre bout du monde, complètement rôtie. Accompagnée de Loïs. Ouf. Et de Stilnox. Mon sommeil en boîte. Je me levais la tête dans le pâté, déphasée, sortais le nez dehors et admirais le volcan majestueux qui monopolisait l'horizon, surplombant la ville en fumant des volutes de vapeur blanche : le mont Koriakski. Je pensais que si les volcans savaient faire des ronds de fumée ça serait joli. Des ronds ou d'autres formes, je ne suis pas difficile. Mais autre chose que des rubans aléatoires emportés par le vent. La mer qui bordait la ville de l'autre côté était presque gelée. Des navires fantômes de glace coupante flottaient en amas irréguliers, sculptés par le vent glacial. La ville en question s'appelle Petropavlovsk, base principale de sous-marins militaires que j'imaginais nombreux et remplis de bombes nucléaires sillonnant la baie. Dans pas longtemps c'est sûr, James Bond allait débarquer, ce qui m'aurait donné l'unique occasion de reluquer les fesses de Pierce Brosnan. En attendant Mister Bond, on allait se promener vers le marché, au sol en terre, admirer les étals rouges de poissons huilés, les bacs de caviar rose, des rats qui s'échappaient sous les râteliers. Tout avait un goût d'ailleurs. Les marchands insistaient pour nous faire goûter au caviar. Je n'ai pas trop aimé.

Un jour, en se promenant dans une rue, un monsieur nous accosta. Il paraissait content de nous voir. Il faut savoir qu'en Russie le biathlon est un sport national et les biathlètes sont connus. Même moi. Je pense que le monsieur m'a reconnue. A force de langue des signes, de sons amicaux, quoique lui parlait russe et faisait comme si on le comprenait, on s'est retrouvés dans sa voiture. Un 4X4 noir. Il nous a emmenés en dehors de la ville, nous ballottant sur une piste enneigée durant plus de trois quarts d'heure. En fait on ne savait même pas où il nous conduisait mais avec la présence de Loïs et le sourire du monsieur, je ne m'inquiétais pas outre mesure. Au bout d'un moment, les cahots de la voiture ont cessé. Nous étions au bout de la piste et, semblait-il, au bout de ce monde.

Une immense plage de sable noir, déserte, déroulait son tapis volcanique jusqu'à l'océan Pacifique, gris métal, se transformant en ciel sur la ligne d'horizon. C'était vraiment chouette. Hors du temps. Et le monsieur lui-même pour une fois s'était tu. Nous laissant boire le paysage en écoutant le silence. Parfois la beauté n'a pas besoin d'être exprimée et se partage sans bruit. Simplement.

Après une demi-heure, nous avions tourné le dos à l'océan, emportant en souvenir une petite bouteille de sable noir. Sur le chemin du retour, le monsieur s'était arrêté dans un petit magasin pour nous offrir trois présents : une matriochka de neuf pièces joliment travaillées, un livre sur le Kamchatka et un porte-bonheur : deux petits monstres dodus. Il nous a expliqué que les matriochkas, plus elles avaient de pièces, plus elles étaient prestigieuses et que si on souhaitait faire un vœu, il fallait caresser le ventre des porte-bonheur en le prononçant. A présent, la matriochka orne une de mes étagères au milieu du salon, aux côtés des monstres dodus. J'ai utilisé leur pouvoir certaines fois et je dois dire que j'ai été exaucée à plusieurs reprises. Je garde en mémoire la gentillesse de ce personnage. Prêt à donner tant à des inconnus. Belle leçon de vie. Pays magnifique.

Le comble de la farce de cette semaine lointaine a été l'explosion d'un volcan en Islande, grosse éruption qui a bloqué le trafic aérien durant quelques jours. Nous obligeant, à l'autre bout de la terre, à rester quatre jours supplémentaires au Kamchatka. Les organisateurs désirant nous occuper, et surtout nous proposer des activités afin que nous restions en sécurité, nous ont donc fait découvrir des morceaux de cette terre sauvage et magnifique. Je me souviens d'un trajet en bus, long, sur une route rectiligne se dirigeant vers nulle part. Le but de ce trajet était des sources d'eau chaude et sulfureuse dans lesquelles nous nous sommes baignés. Un autre jour, nous sommes allés à la pêche à rien sur un bateau. Nous avons mangé des oursins et surtout le crabe géant du Kamchatka. Emblème de cette région.

Un jour enfin, Loïs s'est mis en tête de gravir le mont Koriakski. Voilà ce qui arrive lorsqu'une personne avide d'aventures nordiques se retrouve narguée par un gros volcan bouchant l'horizon. Avec un autre athlète norvégien et un Slovène complètement fou ils sont partis, skis de fond sur le dos. Altitude: 0. Et ils sont montés en haut de ce foutu volcan. Altitude: 3000 m.

Moi j'étais restée en bas. Et j'attendais. Et je voyais le temps passer sans nouvelles, et je ne pouvais pas m'empêcher d'être inquiète. Et le soleil accomplissait sa route trop rapidement, presque au bout de la courbe quotidienne, prêt à replonger dans cette baie pour éclairer les sous-marins. Avec une amie, nous étions allées boire une mauvaise bière sur le port, admirant les cadavres de bateaux de pêche et d'autres, plus gros. Sous les rires des mouettes. Le soleil teintait de rose la carcasse métallique de ces géants échoués aux côtés d'autres géants, si patauds sur terre et si gracieux en mer: les lions de mer. Formes grisâtres échouées profitant sur les berges et les rochers des derniers rayons rougeoyants. A défaut de chips, nous avions tenté les petits poissons séchés et salés. Ne les trouvant pas à notre goût, nous les avions donnés à des enfants jouant sur la grève qui eux semblaient adorer la friandise. *Berk.* Moi je n'arrivais pas à me détendre. Et puis ce volcan qui me narguait en fumant des rubans sans savoir faire un seul petit rond de fumée. Trop nul. A force de le regarder, lui qui me défiait, retenant mon mari prisonnier, j'avais l'impression qu'il se moquait de moi. J'en étais venue à le haïr. J'essayais tant bien que mal de penser à autre chose, de me distraire mais mon regard revenait inévitablement se poser sur cette maudite montagne. Et mes yeux clignotaient ainsi, passant du volcan à la pendule comme un tic-tac rapide entraînant dans sa course infernale le soleil qui aspirait à retrouver l'horizon.

Ils sont rentrés après la nuit tombée, exténués mais heureux comme des gamins. Moi j'étais partagée entre le soulagement et la colère d'avoir été laissée en retrait à me ronger les ongles. Je ne suis pas trop rancunière, il a de la chance. Et surtout je n'aime tellement pas être fâchée que ça ne dure jamais longtemps avec moi. Quand même, j'ai laissé passer un peu de temps avant de lui demander des détails sur son ascension. Au moins une minute. Le temps de lui reprocher de ne plus avoir d'ongles et puis la curiosité l'emportant, je l'ai écouté me raconter son volcan.

Ils sont partis skier le matin, alors que la neige croûtée du gel nocturne était suffisamment dure pour supporter leurs poids. Et puis arrivés au pied du volcan, ils ont levé des yeux gourmands vers le haut de la montagne. Trois paires de prunelles se sont mises à briller. Désir masculin de défier la nature. Déchaussant les skis lorsque la pente et la gravité ne leur permettaient plus de glisser, ils sont montés au sommet skis sur le dos, dérapant sur une neige qui s'effondrait sous leur poids. Car ce volcan encore en activité était chaud. Comme la peau d'un géant endormi, la croûte terrestre rayonnait d'une température plus élevée que l'air extérieur. Résultat : la neige gelée par l'air froid formait une sorte de pont retenant une poche vide là où la neige avait fondu au contact de la terre. Conséquence : les trois paires de jambes passaient à travers ces ponts de neige, s'enfonçant parfois jusqu'aux cuisses, tailladant peaux et vêtements avec des morceaux coupant de neige dure.

Arrivés au sommet, à 3 000 m d'altitude, ils ont d'abord admiré la vue. D'un côté une chaîne de cônes à perte de vue, alignés comme les perles d'un collier, leurs sommets arrondis se succédant sur des kilomètres à l'horizon. De l'autre côté, le Pacifique. Une étendue d'un bleu profond, invitant à la baignade, faisant presque oublier la température inhospitalière de l'eau. Ensuite ils se sont tournés vers l'intérieur du cratère. Pas de trou. Mais des bulles de neige remplissaient le cône comme la surface d'une potion magique mijotant dans un chaudron.

Le Slovène qui était en vérité un Slovène fou émit l'idée de traverser le cratère par son centre. Les deux autres le regardèrent comme s'ils découvraient qu'il était un Slovène fou et déclinèrent prudemment la proposition. Personne ce jour-là ne traversa le sommet du volcan par son milieu. J'étais plutôt contente qu'ils ne l'aient pas fait. Qu'y avait-il sous ces bulles de neige ? De la terre ? Du vide ? De la lave en fusion ?

Je ne le saurai jamais. Heureusement. Ils sont ensuite redescendus en ski de fond sur une neige croûtée très difficile à pratiquer. Des volutes de fumée qui ne sentaient pas bon les poursuivaient sur les pentes raides comme les langues de dragons qu'ils avaient réveillés. Arrivés au niveau de la mer ils ont découvert un vrai dragon : moi. Qui les attendais en fumant noir les pensées terribles que j'avais soigneusement ruminées toute la journée.

Le lendemain on est repartis. Les douze heures d'avion qui nous ont ramenés à la maison m'ont permis de mesurer la chance que j'avais eue de découvrir ce pays. Je me suis repassé le film du séjour, gravant chaque détail afin d'emporter avec moi un bout de Pacifique, de sable noir, de crabe géant et de ronds de fumée. Fascinante Russie. Lointaine et fière, froide et chaleureuse. Toute en contrastes.

J'ai conservé précieusement beaucoup de cadeaux russes. Une chapka gagnée sur une course, mes cadeaux du Kamchatka, une grosse poupée en peau, un mammouth en peau lui aussi que ma fille réclame pour le caresser comme un gros chat avant de s'endormir. Je pourrais reconnaître l'odeur de la Russie entre mille et la sentir raviver chaque fois des souvenirs. Les yeux-cerveau ont ainsi l'odeur de la Russie, les plaines blanches décollent en avion, le vent soufflant dans les cimes s'associe aux allers-retours du tractopelle et pour finir les volcans ont enfin appris à expirer de gros ronds de fumée. En Russie j'ai découvert une nature animiste, pourvoyeuse de légendes et de croyances, ce qui est souvent le cas lorsque l'homme est dépassé par la puissance de ce qu'il ne peut maîtriser.

Un souffle s'éteint en allumant une petite flamme

« Chien qui marche, os qui trouve. »
Proverbe québécois

Je ne sais pas comment déchiffrer cette citation qui à mon avis peut s'interpréter de différentes manières. Ce qui est sûr en revanche, c'est que si on marche avec de la musique dans les oreilles, un peu distrait, on peut buter sur une racine. Glisser dans la boue. Et trouver la chute. C'est exactement ce qui m'est arrivé en novembre 2013, le jour même de la première coupe du monde ouvrant la saison. Réchauffement climatique. Pas de neige. Un léger gel la nuit, 10 °C le jour. En Suède. A Östersund.

Östersund c'est une ambiance particulière : celle mêlée d'appréhension et de tension du début de saison car l'ouverture de la coupe du monde se fait souvent en ce lieu. Mais c'est aussi la nuit polaire. Le soleil rasant se lève à 9 heures, s'élève jusqu'à la hauteur maximum de 10 cm du sol et se couche à 15 heures. Il ne fait jamais vraiment beau même quand le ciel est dégagé. Seulement la lumière paraît douce et tamisée avec un coucher de soleil rose qui s'étire longtemps puisque l'astre au lieu de s'élever rase l'horizon en rayons mordorés, mauves, orangés, doux. C'est calme.

Moi là-bas à cette période de l'année, j'ai tout le temps envie de dormir. L'ambiance cocon de la Scandinavie renforce considérablement cette tendance à l'hypersomnie. Le site de compétition se situe en périphérie de la ville et également en bordure de forêt. Des bois remplis de grands pins très droits et très minces qui ressemblent à des pins sylvestres à l'écorce rouge. Et des bouleaux. Avec la Fédé de biathlon, nous logions dans de petits appartements à proximité des pistes raides que nous utilisons en compétition. Avantage stratégique, ceux-ci rejoignent un grand nombre de petits chemins qui s'enfoncent parmi les myrtilles et les pins. Sinueux, ils tracent dans ces bois des centaines d'itinéraires se mariant, se multipliant à l'infini. Offrant aux joggeurs et promeneurs une foule de balades possibles. De variantes, de boucles et d'arabesques sylvestres qu'à force nous connaissions par cœur. De fait, ce labyrinthe de sentiers favorisait ainsi l'entremêlement de mes pensées, permettant ainsi des associations bizarres, incongrues auxquelles je n'aurais d'ordinaire pas songé mais qui là se formaient sans effort particulier. J'associais ainsi mes futures courses à mon repas du soir et mes cours de bio à une musique au piano.

Courant de nuit ou dans la brume, à la lumière de la frontale, ces sentiers se renouvelaient et nous transportaient loin dans nos pensées, notre souffle s'échappant en volutes blanches au rythme de nos foulées piétinant les myrtilles et la mousse gelée. Parfois ça crissait, parfois le bruit était feutré. Parfois le vert sombre du sol et de la mousse était recouvert d'une couche de blanc. Si on avait de la chance, mais souvent le brun de l'humus forestier, noir et acide, faisait office de tapis. C'était mon lieu de récupération, d'oubli.

Cette année-là je perdais ma grand-mère. Mon premier deuil. J'étais loin de ma famille et me sentais coupable de vivre ma passion alors que tous se rassemblaient autour du souvenir de la personne aimée. En apprenant la nouvelle, j'étais sortie de notre appartement pour trouver dans la solitude de la forêt un réconfort que les arbres apportent par leur absence de parole. Du calme. Le froid. Le décor me paraissait approprié pour laisser libre cours aux larmes écoulant les souvenirs, inondant les joues, glissant, gelées, jusqu'au cou. Et puis quand enfin les souvenirs se tarissent, il reste le calme. Le froid aussi. Et j'ai pris le chemin de mon lit, soudainement fatiguée.

Le lendemain il y avait la première course. Un individuel qui se courait le soir. Alors, le matin je suis sortie me dégourdir les jambes dans les bois. C'était le jour de l'enterrement. J'avais mis de la musique dans mes oreilles, par envie de ne plus penser et d'errer mécaniquement au son du blues. Et j'ai glissé. Dans la boue. J'ai voulu éviter la chute à plat dos, j'ai sauté comme un chat en me retournant. C'était presque parfait comme figure, sauf la réception. Sur un pied, qui a lâché.

J'ai entendu un *CRAC.* Un peu sinistre. Et après comme une douce chaleur coulant du genou vers la cheville ou bien c'était l'inverse, bizarrement. Sans y croire j'ai essayé de reposer le pied par terre. Il n'a pas tenu, me contraignant à rentrer à cloche-pied jusqu'à nos appartements. J'ai pensé : *« Zut. C'est trop bête. »* Après je me suis dit que j'avais été punie de ne pas être présente pour l'enterrement. Bien fait pour moi. Lorsque j'ai enfin regagné les maisons où nous logions j'ai débarqué dans l'appartement des kinés qui nous suivent toute l'année et j'ai dit : « Merde les gars, je me suis pété la cheville. »

Comme je devais manifester une certaine angoisse ils ne se sont pas moqués et m'ont tout de suite auscultée. La cheville n'était ni bleue ni gonflée. Très douloureuse mais tout le monde sait combien la douleur est subjective. Je pensais ne pas être trop douillette mais apparemment si, car le premier diagnostic me déclarant apte à rechausser les skis seulement une bonne semaine plus tard signifiait uniquement une petite entorse de rien du tout. J'ai donc pris mon mal en patience, geignant quand même un peu mais choisissant de ne pas en tenir compte, me traitant de petite chochotte.

La semaine suivante, j'ai tenté de rechausser les skis. Confiante, je me suis élancée sur la piste. Et là, la saison s'est soudainement démantelée sous mes yeux. Ces années de préparation pour les jeux Olympiques de Sotchi, cette sensation d'avoir progressé... tout s'est brisé comme un puzzle en millions de petites pièces. J'avais l'impression que mes tibias rentraient dans mon pied. Les larmes de douleur, douillette ou non, perlaient au coin de mes yeux et je me suis rendu à l'évidence : ce n'était pas juste une entorse. Je suis donc rentrée en avion à la maison pour faire des examens et là, le diagnostic est tombé : rupture des ligaments avant et arrière entre les deux malléoles. D'où la sensation que le tibia me rentrait dans le pied. Trois mois d'arrêt. Et *paf* dans ta tronche, Marie !

A partir de ce moment-là, j'ai renoué avec la marche. Après cette chute, j'ai d'abord utilisé trois pattes dont deux béquilles durant deux mois, ensuite, à force de traitements, de soins, d'entraînement à la karacho (machine à bras mimant la poussée de ski de fond que je m'échinais à tirer plus de deux heures par jour), je suis quand même allée aux Jeux avec deux semaines de préparation dans les jambes, encore maladroite et « strappée » à mort pour protéger ma cheville. Coup du sort, je n'y suis pas allée seule.

Ce qui s'est passé me fait un peu penser à l'effet papillon. Une suite de cause à effet pas très logique mais bien réelle. D'abord le décès de ma grand-mère, puis la chute presque obligatoire, puis le remplacement d'une personne par une autre, minuscule. Bouleversante.

Un bébé. D'un souffle qui s'éteint naît une flamme. Qui grandit. Dans MON ventre. Se frayant un chemin, utilisant mon corps comme matrice, comme si une partie de la mort n'était jamais définitive, comme si tout se renouvelait, comme un cycle à l'infini.

En fait je m'en suis rendu compte un peu par hasard. J'étais à ce moment-là dans le Tyrol italien, troquant la Suède, après une longue halte, contre les Alpes majestueuses et la haute montagne au goût de spaghettis. Alors que la dernière coupe du monde du mois de janvier, dernier réglage avant les jeux Olympiques, se disputait sans moi. J'étais là pour profiter de l'ambiance du groupe, des infrastructures, des entraîneurs et des soins du staff kiné. J'avais en quelque sorte un traitement assez privilégié, je l'avoue.

L'hôtel d'Antholz, sans doute le plus beau de la coupe du monde, dispose d'une piscine avec jets où j'allais me masser la cheville. Un jour, en me regardant dans la glace, je me trouvai soudainement pourvue d'une grosse poitrine. J'admirais, captivée, cette nouvelle opulence mammaire, moi qui n'ai jamais eu que des framboises à offrir à mon mari, je me retrouvais avec de véritables pastèques. J'exagère. N'empêche, je paradais devant mes collègues lorsque Marie-Laure, une amie chère, me dit en rigolant : « Ah mais t'es enceinte en fait. » « Hhhhhh… »

J'ai senti au fond de mon crâne d'œuf les rouages se mettre en route en grinçant.

« Ha. Héhéhéhéhéhéhéhéhéhéhéhé. » Sans être un gloussement, le rire nerveux qui est sorti de ma gorge, tout coincé, faisait office d'aveux. « Haaaaaaaaaaaaaaaaaaa, noooooooooooooooon, sauve qui peut !!! » Bah oui. C'était ça, je le sentais. J'étais enceinte.

Je l'ai dit à Loïs qui ne m'a pas crue. J'ai fait pipi sur un bâtonnet en rentrant à la maison. Je le lui ai tendu parce que dessus figurait une petite croix. Après il n'a pas dit un mot de la journée. Ah si, il a sorti cette phrase que je n'ai pas trouvée très appropriée (et encore, je vous sers la version *soft*) : « Je suis trop fort. »

Ça m'a un peu fait flipper alors je suis sortie. Dehors, pour réfléchir à ce changement de situation. Drôle comme je ne parviens pas à organiser mes pensées et prendre de bonnes décisions à l'intérieur. Il faut que je sorte et que j'aille skier, courir ou marcher. Là je suis partie skier toute la matinée pour y mener un monologue intérieur :

« Bon. Je le garde, je le garde pas ?

– Mouais les bébés ça craint. Ça pleure et ça fait caca… Pfff je ne suis pas prête à ça moi.

– OK j'avorte.

(Passage de ski sans parole qui dure un peu.)

– Parce que si je le garde, qu'est ce qui se passe ?

– Je serai maman.

(Passage de ski sans parole un peu moins long.)

– En même temps peut-être qu'il n'y a pas de bons moments pour être maman.

– Si ça se trouve c'est le moment.

– Et je fais quoi de ma carrière de ski ?

(De nouveau grand silence et réflexion intense.)

– OK je le garde.

– OK je le garde.
– C'est décidé je le garde.
– T'as raison, c'est la bonne décision. »

Restant seule juge de cette décision importante que je venais de prendre, le paysage environnant faisait office de témoin, entérinant mon choix.

Lorsque je suis rentrée du ski j'ai déclaré à Loïs :

« J'ai envie de garder cet enfant.
– …
– Et toi ?
– …
– Youhou ????
– … »

Il était muet comme une carpe. J'avais l'impression de revivre ma sortie sans interlocuteur véritable, sauf que là j'attendais une réponse. Il ressemblait à un caillou. Un obstacle de bord de chemin, placé là pour nous faire trébucher. Alors j'ai un peu craqué : « Mais réponds merde ! T'en dis quoi ? T'es content ? Tu le veux, tu le veux pas ? Je sais pas moi, parle !!! » Et puis j'ai pleuré. Alors il m'a pris dans ses bras et j'ai compris qu'on allait garder cet enfant. Que c'était un cadeau. Que c'était le début d'une nouvelle histoire. Que tout allait changer.

J'ai ensuite appelé le médecin de l'équipe de France, Thomas. Qui, avec patience, avait soigné mon impatiente envie de guérir ma cheville plus vite que la musique. Le harcelant au téléphone à longueur de journée pour savoir QUAND je pourrais rechausser les skis, comme un disque un peu rayé… J'avais enfin un nouveau morceau à lui jouer…

« Allô Thomas ? Heu, oui, ma cheville va mieux, oui oui… en fait je ne t'appelle pas pour ça… Heu, tu vas rire mais… ben, est-ce que c'est possible de faire des courses enceinte ? Non non, je ne plaisante pas… Je n'ai pas fait exprès hein ! Mais bon voilà c'est arrivé, je vais pas te faire un dessin... Tu crois que je peux participer aux JO ? Sous quelles conditions ? Et continuer à m'entraîner et tout et tout… »

Thomas m'a conseillée, suivie, soutenue, encouragée. C'était chouette. Sous ses conseils, j'ai pour une fois été sage et suivi à la lettre les indications des choses à faire et à ne pas faire lorsqu'on attend un enfant. Malgré un tonneau à VTT. Ou deux. Et de la marche jusqu'à terme. Et du ski à roulettes et de la musculation. Mais le tout, très raisonnablement.

Je suis allée au Jeux de Sotchi, sans grandes ambitions, non à cause de l'œuf qui creusait son nid dans mon ventre mais à cause de la cheville toujours en rééducation et du peu de préparation que j'avais dans les jambes. D'autres montagnes, le Caucase. Magnifiques aussi. Un peu mal à l'aise de participer à l'événement qui a contribué à la création de saignées dans ces géantes vierges. Des pistes, des stations entières uniquement construites pour l'occasion. Démesurées. Des tas de lampadaires super puissants, métalliques. Du béton. Ça me rendait un peu triste en fait.

De ces JO, je me souviens plutôt de mon lit car je dormais quatorze heures par jour sous l'emprise d'une drogue puissante : la progestérone. J'avais ébruité le secret de polichinelle à Nanas, ma collègue de chambre. Nanas c'est mon poteau. La fille avec qui je partage ma passion des histoires. Les années que nous avons passées ensemble sont liées par cet amour commun des livres et des mondes fantastiques que nous nous racontions à tour de rôle lors de nos sorties d'entraînement quotidiennes. De cette passion, enfantée par les histoires de mon père lors de ce stage de caté, est née chez moi un rituel. La sortie en extérieur synonyme d'histoires à partager, d'évasion. Avec Nanas c'était pareil. Elle racontait bien les histoires et les heures d'entraînement passaient sans effort. Moi je buvais les mots qui s'échappaient de sa bouche, faisant défiler devant mes yeux et sur le chemin que nous foulions les mondes et les personnages dont elle me contait les péripéties.

J'avais donc dit à Nanas ainsi qu'à toute l'équipe des filles que j'étais enceinte et que si elles n'étaient pas d'accord avec ça, je laissais ma place dans le relais (j'avais peur d'un effet indésirable de cet état : improbable malaise ou autre manifestation inconvenante qui pouvait avoir des conséquences sur ma performance le jour de la compétition). Mais toutes étaient ravies. Alors je leur montrais mes seins, fière de justifier enfin le port d'un soutien-gorge.

La fin de saison se déroula sans autre épisode chamboule-tout. Avec un petit ventre qui se mit à vouloir pointer pour signaler son contenant. Et puis j'ai arrêté les compétitions, à trois mois. Comme me le préconisait Thomas. En fille bien sage. Ça tombait bien, presque comme si c'était calculé car c'était de toute façon le mois de mars. J'avais planifié un plan d'attaque et finalement, j'ai vécu une année d'or. Couvé pendant neuf mois un joli petit œuf a bouleversé la suite de nos vies.

Faire caca dans un compost ou donner la vie, écologie ?

« Chaque voyage est le rêve d'une nouvelle naissance. »
Jean Royer

« On » – pronom imbécile qui définit celui qui l'emploie (*dixit* Nanas) – dit toujours que neuf mois ça passe vite. Et pourtant ces neuf mois de couvaison ont été calmes pour moi, et j'ai trouvé ça long, confortable, apaisant, comme si le rythme effréné auquel je m'adonnais habituellement s'était ralenti moelleusement. Peut-être était-ce moi qui étais dans un état d'esprit différent, contemplatif, ramolli.

Ce qui est sûr c'est que la grossesse et, plus tard, la maternité m'ont apporté un changement radical. Athlète, je pensais que le centre du monde c'était moi. Mon, Je, Moi, la première personne du singulier. En parfaite humilité ! Cette vie nouvelle, squattant mon sang et mon corps changeait la donne. Elle me remplaçait en tant que nombril du monde, faisant d'ailleurs sortir le mien de son habitacle en une petite bosse douce qui coiffait mon bidon rond d'un drôle de chapeau. Je n'avais jamais eu le nombril aussi propre ! Et surtout je n'étais plus (ou plus justement, un peu moins) obnubilée par les sensations de ma personne. Je lâchais prise, me délestais du stress et de la pression du résultat qui m'avait accablée des années durant et que j'allais retrouver bien vite, collante par la suite. En fait, durant cette saison d'entraînement, j'ai profité de la vie, comme une sorte de trêve, jouissant de tout avec le regard neuf d'un lapin de deux semaines.

Cette année de grossesse, ne pouvant courir, je marchais. Même si je bourrinais pas mal et marchais vite, de préférence en montée raide, ce retour à une allure plus lente m'a permis de découvrir une discipline nouvelle : la botanique. Je me suis enfin mise à vouloir nommer les composants du paysage que je traversais. Nouvelle passion dévorante. Je me suis donc dotée de livres de botanique, entourée d'ouvrages d'ornithologie et je cueillais, je prenais en photo les objets de convoitise durant les entraînements, trouvant à mon retour le nom de ces plantes que je découvrais ainsi. Ça m'occupait et ça me passionnait. Chaque mois voyait fleurir de nouveaux spécimens colonisant prairies et forêts, chaque mois de nouveaux noms effaçaient les anciens ou, par chance, se rangeaient dans les tiroirs nébuleux de mon crâne.

Je faisais ainsi le lien entre mes cours de biologie environnementale théoriques à la fac et le concret des sorties terrain en solitaire. Et ça me plaisait. Je me demandais même pourquoi je ne m'y étais pas intéressée plus tôt. Manque de maturité je pense. Ou nombril trop gros, au choix. C'était un peu comme un jeu qui redonnait un but à mes entraînements, rendant la marche pour une fois instructive, intellectuelle.

Cette discipline m'ouvrait de nouveaux horizons, donnait une orientation toute nouvelle à mes sorties en extérieur. De fait, je n'arrive plus à marcher sans penser à rien. Déformation professionnelle de sportive de haut niveau, je DOIS optimiser chaque seconde de mon temps. Sinon mieux vaut dormir. Les entraînements, quels que soient la vitesse et le moyen utilisés doivent me SERVIR à quelque chose. C'est pathologique. Progresser lorsque je fais une séance spécifique, rêver lorsque j'ai besoin de m'évader, réfléchir lorsque je dois prendre une décision. Pour tous ces objectifs, la nature est un support dans lequel j'évolue et qui me sert d'inspiration.

Ma nouvelle passion botanique modifiait ce rapport à la nature car pour une fois je m'intéressais vraiment de près à ses composants. Le fait de les nommer leur donnait une place et une existence concrète au sein de l'espace qu'ils occupaient. Et puis c'était un challenge, un peu comme une compétition entre mes yeux et ma mémoire. Regarder la fleur, rentrer à la maison, regarder le livre, lire le nom de la fleur, ressortir. Se souvenir de ce qui avait déjà été vu, répéter le nom, apprendre de nouveaux noms, de nouvelles fleurs. Comme un nouveau défi.

Après j'ai fait de même avec les oiseaux. Parce que je me suis rendu compte que les petits passereaux étaient formidablement colorés. J'écoutais les chants d'oiseaux, apprenais à identifier leurs propriétaires. Essayant de les repérer, eux si furtifs, ombres mobiles et sautillantes au moindre bruit suspect. Le cheminement était le suivant : observer l'oiseau, rentrer à la maison, regarder le livre, lire le nom de l'oiseau, écouter le chant, ressortir, se souvenir de l'oiseau, de son chant, répéter le nom, mémoriser le chant… Parfois j'utilisais mes camarades de chambre pour me faire faire des « quiz oiseaux » durant lesquels je récitais les noms, réattribuais les chants. Ça devait les gonfler un peu mais, patientes, elles ne disaient rien et se prêtaient au jeu.

J'ai toujours eu la chance d'être bien entourée. Je profitais du savoir d'amis ornithos ou botanistes et insistais pour multiplier les sorties accompagnées. Mon oiseau préféré était le cincle plongeur. Oiseau brun à bavette blanche, il ressemble à une boule de plumes toujours de mauvaise humeur. Vous pouvez le voir, on dirait qu'il boude sur les photos ou lors de son observation le long des rivières du plateau du Vercors. Nageant les ailes ouvertes ou bien perché sur un rocher guettant de son œil rond son futur repas au fond de l'eau. Avec ces nouvelles passions, j'échangeais mes rêveries par de la connaissance. Buvant les paroles de mes professeurs, avide d'en apprendre davantage et regrettant d'avoir une passoire à la place d'un cerveau.

Ainsi, de lieux de stage en lieux d'entraînement, je passais des tourbières à linaigrettes des prairies acides de Norvège aux pelouses sèches à orchidées des coteaux drômois, fascinée par les ophrys abeilles, araignées, punaises et autres imitations incroyables de ces espèces-là. Et enfin aux gentianes et rhododendrons des pentes de mes montagnes d'enfance, celles de Belledonne.

J'accueillais chaque nouvelle fleur comme une nouvelle couleur. Chaque nouveau nom retenu comme un cadeau. Et, petit à petit, cette connaissance de la flore, qui reste malgré tout très très succincte chez moi, m'a naturellement dirigée vers l'envie de les manger, ces plantes.

Manger : désir primaire et primordial. J'ai de la chance car j'aime la salade sans avoir besoin de me forcer. (Et accessoirement je suis aussi chocolativore si l'envie vous prend de m'envoyer de la nourriture.) Je me suis donc mise à vouloir manger ces nouvelles connaissances que je pouvais à présent nommer. Et si elles ne se mangeaient pas, je m'intéressais à leur intérêt médicinal. *BOUM,* encore une nouvelle passion. Dérivant de la botanique celle-ci prenait de l'ampleur dans ma tête. J'achetais cette fois-ci d'autres livres, des techniques de permaculture, des recettes culinaires de plantes sauvages ou encore de médecine par les plantes… et commençais mes cueillettes et mes mélanges.

Je me faisais sorcière, testant mes potions et leur accordant des pouvoirs magiques. Je ramassais mes sujets d'études, les faisais sécher la tête en bas puis les rangeais soigneusement dans de vieilles boîtes métalliques. Des boîtes de bonbons. Tristement vides et auxquelles j'offrais une nouvelle fonction. Loïs n'aime pas spécialement les pissenlits. Ni les orties. Mais je lui loue leurs vertus et il avale tristement ces choses vertes, regrettant sans doute ses pâtes au beurre.

Les boîtes de tisanes s'accumulent depuis chez moi, millepertuis, reine-des-prés, sauge, thym, romarin, lavande, tilleul, aubépine, menthe et j'en passe… Et j'en bois… Et je les pisse… dans des toilettes sèches séparant les urines des selles me permettant de récupérer un liquide doré précieux utilisé ensuite comme engrais. Et une matière noire et malodorante pour le compost. Pour nourrir le jardin. Et indirectement moi. C'est une boucle en fait. Bon, heureusement les jardins « hors sol » des magasins et étals du marché sont plus productifs et nourriciers que le mien. Sinon je ne serais plus là pour le raconter.

J'essayais ainsi différentes techniques de permaculture. Des cultures sur buttes, une couverture du sol permanente par de la paille, des feuilles ou des débris de bois. J'allais récupérer les crottins des chevaux, remontant des champs des poubelles lourdes d'engrais animal. Je profitais également de mes promenades quotidiennes pour repérer des endroits où je pourrais « emprunter » à la forêt un peu de terre. Car pour faire pousser mes plantations, il me fallait un composant essentiel : l'humus. Or notre maison est plantée sur une moraine glacière. Joli nom pour un tas de cailloux. La terre y est blanche, crayeuse et surtout très peu fertile. Alors petit à petit, et année après année, j'ai grappillé çà et là des petites quantités de terre et je me suis créé des terrasses de culture. Avec pour objectif une production industrielle.

Bon, jusqu'à ce jour je n'ai jamais été présente suffisamment longtemps à la maison pour avoir un jardin productif digne de ce nom. Les stages et compétitions m'obligeant à partir pendant des périodes cruciales pour prendre soin de mes plantes. Elles ont souffert de la soif et bizarrement elles ont eu une vie très courte. Je n'ai pas vraiment récolté le fruit de mes efforts, que je trouve pourtant considérables.

Ce désir de manger les choses cueillies par mes soins s'est étendu à tous les petits gestes du quotidien pour réduire consommation et gaspillage. De cette manière, nous avons troqué une de nos voitures contre des vélos électriques. C'est aussi pour ces raisons que des modifications importantes ont été faites sur notre maison : changement de chauffage, isolation, fabrication d'une cuve pour recueillir l'eau de pluie, toilettes sèches. J'ai spécialement de la chance d'avoir un mari bricoleur qui exauce mes souhaits à la lettre. Il y a également les dons à des associations de protection de la nature. Une autre façon de s'acheter une conduite. Mais ces petits apports ne me suffisaient pas. Car en vérité les avions successifs pris pour les compétitions, la consommation de nouveau matériel chaque saison, le manque de neige du début de saison, le recul des glaciers, de la biodiversité… toutes ces questions formaient un nuage noir qui me rongeait petit à petit. Et je culpabilisais.

Et je me questionnais sur cette nouvelle vie que j'allais donner. Etait-ce nécessaire ? Etait-ce utile ? Quel avenir pour elle ? Le lendemain j'oubliais ces pensées noires et retournais marcher pour oublier, pleine d'entrain. Mais le soir, elles revenaient avec la brume, sournoises. Alors je buvais une tisane de millepertuis qui se terminait dans mes toilettes sèches, enrichissant le jardin en nitrates. J'avais lu que c'était bon pour la dépression. Si ces pensées m'assaillent toujours, un peu plus tristes à chaque nouvel article lu dans *Le Monde, Actualités Planète* ou autres magasines écologiques auquel je suis abonnée, elles ne m'ont jamais servi à autre chose qu'à boire de plus en plus de millepertuis. Alors je continuais à marcher. Ruminant sur la noirceur de l'âme humaine, conquérante et dévastatrice. Je me sentais de plus en plus grosse, de plus en plus lourde. Pesante, comme le contenu de ma tête ces journées-là. Du reste, c'était vrai.

Mes pas m'ont amenée cet été 2014 jusqu'en Bretagne. Car justement, libérée de toute contrainte liée à l'entraînement, aux stages avec l'équipe de France, nous avions décidé Loïs et moi de prendre deux semaines de vacances sur ses terres d'origines. Le « kouign-amann's land ». C'était aussi mon cadeau d'anniversaire pour mes 28 ans. Loïs est passionné de planche à voile et il conserve beaucoup d'attaches sentimentales en Bretagne, notamment celle pour le beurre salé. Moi j'aime bien cet endroit. Il me fait rêver. Parce que l'océan inspire ça précisément. Avec sa masse démesurée remplissant l'horizon, indomptable. Bruyante également, et pleine de vie. Avec suffisamment de mystères dans ses fonds inexplorés pour alimenter un nombre infini de légendes et d'histoires.

Nous avions fait un petit *road trip,* partant de la pointe du Raz où habitent des amis, passant à Crozon et ses tas de pois, vestiges de la falaise de grès originelle. Notre périple continuait à Brest, remontant jusqu'aux abers plus au nord, puis bifurquant dans les terres de la forêt de Brocéliande, pour enfin redescendre sur Vannes, le Morbihan, Quiberon et enfin Pornic où vit la grand-mère de Loïs. Chaque lieu me permettait de découvrir des paysages différents et de comparer la quantité de beurre camouflée dans les kouign-amann.

Si parmi ces endroits je devais n'en retenir qu'un, je choisirais l'île d'Ouessant. Parce que c'était magique, magnifique, hors du temps. Imaginez déjà une île sans voitures. C'est plus calme. Et puis des plaines dorées de graminées séchées par un bel été ensoleillé (nous étions au mois d'août) vides. L'eau, bleue et froide, et le ressac blanc contrastant sur les rochers noirs. Enfin les hortensias. Bleus aussi. A cette période de l'année, ils étaient un peu fanés j'avoue mais dans mon imagination je les voyais comme ils devaient l'être un peu plus tôt, d'un bleu pétant, électrique. Là, des agapanthes ornaient mauves ou blanches les jardins des maisons aux pierres grises. Maisons typiques avec une cheminée de chaque côté. C'était vraiment chouette.

On ne se parlait pas beaucoup avec Loïs, profitant de nos virées en VTT pour admirer le paysage et rêver à cette vie reculée, insulaire, que les habitants devaient mener sur ce caillou. On était des taiseux. Il me parlait de la rade de Brest, réputée dangereuse pour les bateaux, et moi je voyais des pirates couturés de cicatrices échoués sur ces mêmes rochers. Et nous faisions des apéros aux cris des mouettes et autres goélands, regardant en silence un grand cormoran écarter ses ailes sur un rocher pour les sécher. Je pensais d'ailleurs qu'il ne s'était pas suffisamment bien adapté pour devoir les mettre à sec après la baignade, même si cela devait lui permettre de plonger plus loin. Nous avons passé ainsi deux jours hors du temps et des contraintes quotidiennes. Goûtant à la paresse de ne rien faire, flânant à vélo et visitant le moindre recoin de l'île. C'étaient des vraies vacances. La Bretagne est un lieu où la nature possède une aura mystérieuse, des légendes propres à chaque rocher, des traditions et une langue aux sons mélodieux. On associe son souvenir à de la brume, de la pluie, des rochers escarpés et des menhirs dardant leurs regards de pierre sur l'océan.

Plus je prends conscience de mon attachement à la nature, plus je me rends compte que les lieux que j'apprécie se ressemblent sur un point : ils sont habités par des légendes. Je me demande alors si ce sont les caractéristiques d'un paysage qui développent leurs légendes ou bien si les légendes façonnent la nature pour la rendre mystérieuse aux yeux du visiteur.

J'opte pour la première solution. Nous avons tous besoin de rêver et le monde que nous avons construit avance trop vite pour laisser le temps à nos rêveries de se matérialiser. Le bruit est un obstacle à leur formation, le béton imperméabilise les murs de la créativité. Tout est confiné, rangé, formaté, et les légendes perdent ainsi de leur pouvoir hypnotique.

Au retour des vacances, je me sentais encore en congés, de plus en plus obnubilée et intriguée par mon ventre qui cachait à présent mes pieds de ma vue. Si j'avais été un garçon, je n'aurais plus été en mesure de contempler mon zizi. Je continuais malgré tout à m'entraîner, trimbalant ma mère dans des escapades sur les pentes de Belledonne. J'avais passé une semaine chez mes parents car Loïs devait partir en stage, on était en septembre et à cette époque il était entraîneur de l'équipe de France B, évoluant sur le circuit coupe d'Europe. Etant proche du terme, j'avais choisi de rester à Laval, pour me faire chouchouter une dernière fois.

Et ma mère, persuadée que j'allais accoucher sur les flancs de la montagne, s'échinait à me suivre dans mes marches quotidiennes : le lac de Crop, le pas de la Coche, le lac Blanc, Orionde… La pauvre… Comme elle a été courageuse. Ne se plaignant jamais. Comme une vraie maman. Protégeant son enfant insouciante relou qui gambadait loin devant. Ce qui est appréciable en montagne ce sont les montées longues. Les chemins pierreux qui coupent le flanc de ces géants cristallins en épingles serrées cadencent obligatoirement notre souffle. Et la marche devient une danse des pieds, réglée sur le souffle régulier de l'effort et encouragée par le cœur qui pulse. Cet ensemble de battements synchronisés apaise le cerveau et permet d'organiser les pensées sans entraves. Je passais les bosquets de vernes, au-dessus de l'étage montagnard, parcourant l'étage subalpin et ses landes à petits arbustes : myrtilles, rhododendrons et genévriers. Sans les voir. Parfois un pin cembro, seul autochtone à afficher des aiguilles regroupées par cinq, me piégeait les pieds dans ses racines et je trébuchais. Ce qui me replongeait dans le présent.

L'arrivée d'un enfant m'a permis de rejuger mes parents. De comprendre leurs choix et de prendre conscience de la chance qu'on avait eue mes sœurs et moi de bénéficier de cette éducation. Avec ces valeurs et cet amour inconditionnel. Mes marches cette fois-ci étaient bercées par les souvenirs d'enfance, empruntant ces sentiers avec les mêmes pieds que vingt ans plus tôt. Différents uniquement par la taille des chaussures. Je songeais que le temps passait vite à notre échelle, plus doucement pour la Terre. Je pensais aussi à notre rôle en tant qu'être humain, en tant que parent, et subitement je me disais qu'avoir un enfant permettrait peut-être de construire un futur pour la planète.

J'imaginais que notre enfant pourrait sauver nos erreurs et façonner un monde nouveau. Un peu ambitieux comme plan de base. Alors je redescendais d'un cran cet élan d'enthousiasme. Je me disais que si je pouvais déjà ressembler à la même maman que la mienne c'était sacrément bien.

Et puis je me demandais si je serais à la hauteur. Si j'allais y arriver. Et soudain je me sentais complètement démunie. Alors je me retournais pour voir si ma maman me suivait toujours. C'était le cas, elle soufflait un peu… Je voyais sa fragile silhouette monter le chemin courageusement derrière moi. Mine de rien ça me rassurait et je savais que j'avais là un appui qui ne s'éteindrait jamais. Une lumière qui me guiderait quoi qu'il advienne.

Avec ces pensées en tête, je m'aperçus que je me pissais dessus. Bizarre. Pas énorme mais quand même… C'était pas classe. *« Encore un truc de bonne femme enceinte. »* Pffffffff. Ça c'était le fond de ma pensée. Mais quand même un peu inquiète, je me renseignais auprès d'une source sûre : une de mes amies triple maman qui à mon avis faisait partie de ces femmes qui sont nées mères.

« Allô la Petite Sirène ? (Elle s'appelle Irène.) Je crois que je me pisse dessus mais ce n'est pas vraiment des urines, tu penses que je fais quoi ?

– Va à la maternité pour vérifier si t'as percé la poche des eaux.

– OK. »

Je m'y suis rendue sans grande conviction. Avec l'ambition de remonter à la maison car j'avais prévu une séance de musculation l'après-midi. J'y suis allée et ils ont vérifié ma poche. Elle était percée alors ils m'ont gardée. C'était pour cette nuit. Ils ont déclenché l'accouchement et moi je me disais : *« Merde, je vais être maman. »*

Alors la première personne que j'ai appelée était la mienne de maman : « Maman… ? Oui, heu, en fait j'ai percé la poche des eaux alors ils me déclenchent pour des histoires d'infection du bébé, je n'ai pas bien compris. Mais le truc c'est que j'ai des yaourts dans le coffre et que je suis vraiment garée comme un sac… Tu peux venir récupérer les courses pour les mettre au frais… ? » Ensuite j'ai voulu prévenir Loïs qui était à Bessans. Je ne l'ai pas eu alors j'ai laissé un message en lui demandant de ne surtout pas se presser car je redoutais un accident de voiture. Et puis, attendant le début des contractions, je me plongeai dans un livre sur les plantes invasives, dossier que je devais rendre pour mes études. Je n'arrivais pas vraiment à me concentrer. Bouleversée par ce qui m'arrivait. Ne sachant pas trop si c'était mon souhait finalement, ne connaissant pas du tout la suite de cette aventure, me doutant qu'elle allait tout changer. Ma vie.

Ma mère est arrivée. Elle avait rangé les yaourts. Elle a taxé un peu de chocolat que j'avais acheté pour Loïs (parce qu'en bonne élève j'avais lu le Laurence Pernoud sur la grossesse. Dans ce livre, ils conseillent de prévoir quelque chose à manger pour les papas à la maternité car l'accouchement est parfois long et ça les occupe) et s'est assise près de moi. Je faisais mine de ne pas avoir peur et que tout allait bien mais en fait j'avais carrément la trouille et je ne me sentais pas spécialement au top. Je lui ai tout de même demandé de partir, ne voulant pas perdre la face et surtout pour qu'elle ne finisse pas le chocolat. Et puis je sentais bien que je n'allais pas tellement dormir cette nuit alors je voulais me reposer « avant ».

Loïs est arrivé trois heures après, il m'a avoué avoir fait du 200 km/h sur l'autoroute. Je lui ai tendu le chocolat mais pour une fois il ne lui a pas accordé d'importance. Les contractions commençaient à être très fortes. Le livre sur les plantes invasives était toujours ouvert à la première page. J'avais péniblement lu le titre. Dix fois. Mais je ne m'en souvenais même plus. Je crois qu'il était écrit en chinois et c'est pour ça que je n'ai rien compris. Je me suis dit : *« Bon, je pense que c'est pour bientôt alors je vais aller en salle d'accouchement. »* Mais après examen, ils m'ont dit : « Non, non, votre col est toujours bien fermé, en arrière et bien long… Vous avez encore le temps… » J'aurais pu répondre : « T'y connais rien mec alors raboule ta péridurale et m'emmerde pas. » Mais je suis trop polie alors je suis retournée fixer le titre de mon livre.

A ce moment-là, j'ai pensé : *« Merde ça va faire mal. »* Et de fait, c'était vrai. A la fin, je n'arrivais même plus à rester assise. Je réclamais une péridurale ou tout autre moyen chimique antidouleur qui me soulagerait un peu. On ne me la posa que plusieurs heures plus tard. J'avais perdu tout courage, toute notion de combat, je me laissais guider, confiant la finalité de la chose au corps médical. Quand la sage-femme a dit : « On voit sa tête », nous avons répondu d'une seule voix : « Est-ce qu'il est roux ? » Elle nous a regardés vraiment bizarrement. Ce que je peux comprendre, puisque cette blague pourrie n'était pas de bon goût. Ensuite il y a eu beaucoup d'émotions. Et subitement nous nous étions multipliés. Un minuscule bébé était sorti de moi. Trop étrange. Il était rouge, violet, miaulant faiblement. Alors on a pleuré en même temps avec Loïs.

C'était Adèle. Le 19 septembre 2014, 5 heures du matin.

Scandinavie, de légendes en victoires

« Impose ta chance, serre ton bonheur et va vers ton risque.
A te regarder, ils s'habitueront. »
René Char

Juste après l'arrivée de la belle Adèle, ce temps de trêve et de rêveries douces avait pris fin. Subitement. J'étais maman mais dans ma tête j'étais déjà repassée en mode athlète. Alors je pensais à la récupération, à la re-préparation et à l'hiver de compétitions qui se profilait, tout proche. Heureusement pour moi la belle Adèle a été compréhensive, faisant ses nuits très vite, sage et douce comme son prénom. Heureusement mon mari s'est transformé en maman. Et il a grave assuré. Mes parents et beaux-parents se sont eux aussi métamorphosés en mamans ainsi que beaucoup d'amis dans notre entourage. De ce fait, Adèle est passée de bras en bras, de maman en maman, gentille, accueillant ces différences de câlins avec le même sourire innocent.

Au début je continuais à marcher avec ce tout petit bébé blotti contre moi. Et puis un mois après j'ai recommencé à m'entraîner plus dur, rechaussant les skis à roulettes et puis les skis. Adèle restait dans son landau, rangé à côté de la piste de ski à roulettes, bercée par les bruits de tir à la carabine ou bien le *Tchac tchac* sonore des bâtons crochetant le goudron. J'ai repris la compétition et réintégré l'équipe de France en janvier 2015 pour la coupe du monde d'Oberhof en Allemagne de l'Est. Adèle me rejoignait une semaine sur deux, accompagnée de mes parents, Loïs ou une amie.

Je me sentais remontée comme un coucou. Mes dents aiguisées rayaient le carrelage. Je crois qu'elles auraient rayé du tungstène. J'étais devenue « Ririe la Boucherie » et j'avais très envie de porter le dossard pour en découdre. Au fil des courses, je reprenais confiance en moi et de nouveaux possibles m'ouvraient leurs portes, m'emportant dans l'avion jusqu'en Finlande. Pour les championnats du monde de Kontiolahti.

Le plat pays des bouleaux et des pins sylvestres filiformes dressés vers le ciel gris en bâtons bien droits aux troncs gris en bas et rouges en haut. Le plat pays des lacs, des millions de lacs bordés de forêt boréale. Un pays qui pour moi est blanc et gris. Même quand il fait beau, le ciel est d'un bleu tellement pâle qu'il paraît blanc. S'accordant parfaitement avec le sol, blanc lui aussi à cette époque de l'année, ou avec les cheveux pâles des Finlandais.

Le plat pays qui pourtant comporte dans le tracé des pistes de coupe du monde une montée redoutable. Peut-être la seule du pays. Nous étions partis une semaine en avance pour un stage de préparation avant ces championnats du monde de 2015. Le stage se déroulait à Lahti (presque le même nom que l'endroit de la compétition mais un lieu différent, quoique les bouleaux, les pins sylvestres et les lacs faisaient également partie du paysage).

Pendant ce stage j'ai retrouvé la même sérénité que j'avais ressentie durant la grossesse. Je me sentais bien, en accord avec moi. Je crois que c'était parce que l'après-midi, un peu comme à Vancouver, nous pouvions aller vagabonder à ski sur le lac ou dans les bois, à la lumière faiblissante du soleil polaire que nous remplacions par la frontale en fin de sortie. J'y allais avec Nanas et nos histoires reprenaient leur cours, s'étalant sur les kilomètres blancs des pistes de ski de fond. Elle me racontait ses lectures dont je me souviens encore du titre : *L'Apprenti assassin* – avec un monde imaginaire rempli de féerie. Quand nous rentrions, les joues froides, nous continuions nos histoires dans le sauna. Elément indispensable de tout appartement finlandais ! Et puis la semaine suivante, nous partagions une chambre de l'hôtel Kimmel, avec son inscription rouge et vieillotte, ses vieux rideaux délavés, ses lits avec le « trou du gros » (c'est l'endroit où, à force de dormir, le lit forme un hamac et ça fait super mal au dos) et sa salle de déjeuner pleine de courants d'air.

Pour les deux semaines d'épreuves, mes parents avaient loué un petit appartement dans le centre de Joensuu, la ville où l'équipe de France de biathlon logeait à vingt-cinq minutes du stade de compétitions. Et je pouvais tous les matins retrouver ma fille qui commençait l'étape de la diversification où elle goûtait la vraie nourriture, petits pots de carottes ou d'artichauts. *Berk...* J'y allais donc en courant, séance de « décrassage » le long des berges de la rivière qui borde Joensuu. J'avais dans les oreilles mes cours de bio qui avaient été enregistrés par les professeurs de la fac durant leurs cours présentiels afin que je puisse suivre une scolarité « aménagée ». Je dépassais les bâtiments gris et un peu moches de cette ville, toutefois adoucis par le blanc de la neige froide qui recouvrait tout et les bateaux bleus et blancs amarrés, immobiles et pris dans la glace.

Les bouleaux bordant la rivière se fondaient parfaitement dans tout ce blanc, c'était joli. J'avais eu la chance un matin d'apercevoir une horde de jaseurs boréaux se partageant les branches d'un jeune bouleau. Cet oiseau a un point commun avec moi : il est capable de se gaver de baies à demi fermentées l'empêchant parfois provisoirement de voler. Boulimique en fait. Je compatis, je fais pareil avec le chocolat. Je n'en avais jamais vu jusqu'alors et je le pris comme un signe de bon augure. L'apparition de ces oiseaux ronds, coiffés d'une huppe fournie, arborant un corps beige avec le bout des ailes coloré comme s'ils les avaient trempées tel un pinceau, allait me porter chance.

Toujours est-il que, lors de la première course individuelle, le sprint, je bénéficiais encore une fois de bonnes conditions et surtout de contre-performances de mes adversaires les plus costauds. Le verdict tomba : championne du monde du sprint. Six mois après une naissance, je signais mon meilleur résultat en carrière. C'était assez cool.

Le lendemain, lors de la poursuite, je réitérais, un peu comme si, poussée par un souffle de réussite, j'attisais le vent de mes propres victoires. C'était un chouette moment, partagé avec ma famille, ma petite Adèle et ses pots d'artichauts. Quand est venu le moment du départ et de la séparation j'en avais gros sur la patate. Mais j'avais fait ce choix de continuer la compétition et je me rendais compte à présent que cette vie d'athlète me condamnait à une longue série de séparations et de retrouvailles. Chaque décision comportait ainsi son lot de plaisirs et de désagréments. Depuis cette naissance c'était encore plus vrai.

Lors de la saison 2016, je vivais mon apogée sportive. Ça fait un peu pompeux comme terme, mais j'ai dégringolé bien vite de mon piédestal les années suivantes ! Il n'empêche, l'année 2015-2016, je continuais sur cette lancée folle avec un emploi du temps de ministre, ne renonçant à rien malgré la vie de famille. Et j'étais pleine balle. Un missile traçant droit, rapide et précis ne s'accordant aucune concession. Levée le matin, sortie ornitho, déjeuner, emmener la petite à la crèche en vélo électrique, entraînement, repas de midi, petite sieste, retour à l'entraînement, récupérer la miss, bain, préparation du repas du soir, histoires, étirements, coucher… A ce programme on rajoute les études, la gestion d'une maison, des sponsors, etc. Pas fatiguée, rien, tout allait bien et même de mieux en mieux. Et ce, jusqu'à mon retour en Scandinavie, en Norvège cette fois, dans la capitale. Oslo. Pour disputer les championnats du monde de 2016.

De tous les pays scandinaves, j'ai toujours préféré la Norvège. Les montagnes, la diversité de paysages et particulièrement les fjords qui façonnent la Norvège en un pays magnifique. Il y règne ce même air embrumé empreint de légendes qu'en Bretagne. Et puis il y a des trolls. Nous y allions tous les ans : une fois en été pour un stage d'entraînement et une fois en hiver lors de la coupe du monde d'Oslo. L'été, le stage se déroulait dans le comté de Sirdal, sous la pluie. Mais même ce climat s'accorde bien avec ce paysage moussu et vert pomme, parsemé du violet des digitales et du gris granitique des falaises. Ça pisse de l'eau partout, redonnant vie à des créatures imaginaires et prêtant à la nature des divinités pour chaque élément.

Oslo est plus ouvert, le stade de biathlon est situé sur la montagne d'Holmenkollen qui domine la ville et si on a la chance de se voir attribuer une chambre qui, située plein ouest, a une vue sur le fjord, c'est le jackpot. On peut le soir bénéficier longtemps de l'orangé du coucher de soleil. Adèle avait alors un an et demi, elle marchait et babillait. Loïs était venu avec elle, commentant les compétitions sur Eurosport. On n'avait pas hérité d'une chambre-avec-vue-sur-le-fjord mais j'étais aux anges puisque je jouissais lors de ces deux semaines aussi bien de la vie de groupe, de ma famille que d'une forme à toute épreuve.

Cette fois-ci je n'ai pas vu de jaseurs boréaux sur les branches mais j'avais rempli mes poches de trèfles à quatre feuilles trouvés par ma sœur cadette qui est née sous une étoile encore plus grosse que la mienne. Autrement dit, le cul bordé de nouilles. Sur le site d'Oslo, ce qui est incroyable c'est que les pistes de ski de fond s'étendent sur des kilomètres et des kilomètres juste à côté de la capitale. Je pense que les pistes relient d'autres pistes et encore d'autres pistes, et qu'ainsi on pourrait remonter tout le pays jusqu'au cercle polaire. Les gens montent dans le métro, leurs skis à la main et partent pour des heures de glisse. Moi je me perds systématiquement dans ce dédale de traces aux noms impossibles à ancrer dans ma tête mais qui en revanche seraient super balaises à faire deviner pour une partie de « Pendu ». C'est vraiment le luxe de pouvoir renouveler son parcours à chaque sortie quotidienne. Ce qui est chouette aussi avec la Norvège ce sont les nombreux refuges en bois peint de rouge, super bien entretenus où chaque personne peut passer la nuit, prendre un repas ou simplement s'asseoir sur un banc pour souffler un moment.

Les Norvégiens ont la culture du sport en extérieur. Ils campent, font des feux, des barbecues. Dommage qu'ils cuisinent uniquement les patates, le saumon et la confiture de fraise. Et les boulettes de renne. Bof. On est habitués à mieux chez nous ! Le seul truc qu'ils font mieux que nous d'un point de vue culinaire ce sont les *waffles*. Les gaufres. Chez eux elles sont molles-croustillantes, en forme de cœur et carrément trop bonnes. Chaque jour de course, des bénévoles cuisent des tonnes de gaufres pour les athlètes. Moi je m'empiffrais allégrement. Soit pour me réconforter après une mauvaise course, soit en récompense à une belle performance. Que voulez-vous ? On s'arrange comme on peut avec sa conscience, le tout c'est de se mettre d'accord. Je suis plutôt d'accord avec moi sur ce genre de comportements. Parfois j'avais un peu honte quand même de passer et repasser devant leur stand pour me servir une ration de gaufres. Je me disais que les dames devaient me prendre pour une fille avec des problèmes alimentaires. J'hésitais à me déguiser pour pouvoir passer me servir plusieurs fois d'affilée sans être reconnue, à changer de temps à autre de manteau et de bonnet pour tromper leurs yeux… et puis j'abandonnais l'idée. Depuis, l'odeur des gaufres est associée aux compétitions à Holmenkollen. J'en salive dès le départ et me jette dessus à l'arrivée.

Le départ justement. Cette saison tout se déroulait parfaitement pour moi. J'étais en forme, il me fallait uniquement régler le tir sur quelques courses pour vraiment « claquer » du résultat. Le jour du sprint j'ai réalisé la plus belle performance de ma carrière. C'est ma course de référence, ma fierté, ma plus belle prestation. J'ai toujours eu beaucoup de mal à me faire confiance, à croire en moi. Et cette tendance à l'autoflagellation qui agace mon entourage m'a servie et desservie tout au long de ma carrière. Pour ces Mondiaux, je savais pertinemment être en mesure de remporter une médaille, c'était d'ailleurs l'objectif. Mais de là à le réaliser, il y a toujours une belle marche à gravir.

Ce coup-ci, je n'ai pas bénéficié de meilleures conditions ni de contre-performances de mes adversaires. Pour une fois j'étais juste forte. J'ai réalisé un joli 10/10 au tir, bien maîtrisé, très contrôlé, extrêmement appliquée dans chacun de mes gestes. J'ai pensé à toutes les relances, essayant d'optimiser chaque seconde de course. Si ça se trouve, j'ai grillé des neurones ce jour-là tellement le courant qui reliait mes synapses entre elles était fort et intense durant les vingt-cinq minutes d'efforts, dossard sur le dos. Ça fait beaucoup de mots pour insister sur le fait que je suis allée chercher ce résultat, au sommet de mon art.

Pour ceux qui n'ont jamais fait de compétitions, imaginez que le tir c'est un peu comme marcher. Par exemple, vous marchez facilement tous les jours, un pied devant l'autre, sans penser à autre chose qu'à répéter ce geste simple, appris depuis l'enfance et dont la réalisation est tellement naturelle qu'elle s'est automatisée. C'est machinal. Maintenant, je complique l'exercice un peu mais il reste à portée de tous : vous devez marcher sur une ligne blanche, sans dépasser ni poser le pied à côté. Facile, non ? Oui, facile. Maintenant imaginez qu'il y a cette ligne blanche sur laquelle vous devez marcher et tout autour de la ligne 1 000 m de vide.

Haaaaaaaa, on fait moins les malins hein ??!! Le geste est pourtant le même et la difficulté n'a pas augmenté. Mais dans la tête tout a changé. Le tir en compétition c'est pareil : faire un « sans-faute » à l'entraînement au repos c'est facile. Si on rajoute de l'effort physique, ça devient un peu plus dur mais en redoublant d'attention c'est quelque chose qu'on arrive à maîtriser rapidement, chaque athlète en fait à la pelle. En compétition, c'est déjà plus difficile, mais le top moumoute c'est de faire un « sans-faute » en sachant que ce résultat apportera une médaille, un podium, une petite croix cochée à côté de l'objectif de l'année.

Là, la difficulté est la même que de marcher sur une ligne continue avec 1 000 m de vide à côté. Vaut mieux ne pas regarder le vide. Vaut mieux ne pas savoir qu'on est en mesure de gagner. Sauf qu'on le sait. Qu'on le sent. Alors il faut trouver des ressources au plus profond du crâne pour maîtriser ces émotions et se mobiliser pour réaliser le geste parfait au bon moment. L'autre solution sinon c'est d'avoir des grosses couilles. Mais ça, on ne choisit pas. N'en possédant pas, je suis donc particulièrement fière d'avoir réussi à mobiliser la moindre parcelle de mon cerveau pour sortir la course parfaite le jour J.

Pour autant je n'ai pas gagné. J'ai terminé à la deuxième place, battue par une Norvégienne qui était allée plus vite que moi sur les skis. Mais la place n'était pas importante : seule la prestation comptait. Et j'avais réussi à vaincre mes démons CE jour-là, sur LA course surlignée en rouge depuis Sotchi, MON objectif depuis la fin de l'hiver 2014. Alors je paradais comme un paon. J'ai englouti beaucoup de gaufres cette semaine-là.

Et puis ça m'a débloquée. Désinhibée la Ririe ! Comme je le disais, quelques neurones ont dû être en surchauffe, faisant péter tout le bazar et par chance, déconnectant ainsi les freins mentaux que j'avais consciencieusement érigés. C'est un peu comme si vous marchiez sur cette ligne blanche, avec le vide et tout et tout mais que vous savez que le vide est faux et que la chute n'a plus d'importance. Tout devient plus facile, non ? Oui, tout redevient plus simple. Le lendemain pour la poursuite, je remportais une médaille de bronze. Sur l'individuel, la mass start et le relais mixte, une médaille d'or, titre suprême, et sur le relais dames la médaille d'argent une nouvelle fois. Six médailles en six courses dont trois en or. Une véritable razzia. Tout ça autour de mon cou comme une vache faisant carillonner sa cloche à chacun de ses pas. Je faisais tinter mes médailles et triplais le nombre de gaufres.

Le soir, j'allais trottiner dans les rues résidentielles des belles maisons d'Holmenkollen en ressassant cette incroyable semaine de réussite. Je me sentais légère et gonflée comme un ballon. Je laissais errer mon esprit sans but véritable pour une fois, repue par ces moments de satisfaction intense. Je lorgnais à l'intérieur des maisons qui ne portent pas de rideaux pour regarder l'agencement scandinave, lumières tamisées, plaids en fourrure, ensemble cosy et chaleureux. Tout avait l'air doux et pensé pour rêvasser en feuilletant un magazine, une tasse de chocolat chaud à la main, et en profitant de la lumière solaire rasante des soirées d'hiver.

Mes parents étaient venus eux aussi pour m'encourager et garder la petite lors des compétitions et Loïs commentait les courses sur Eurosport. Des amis étaient également présents. Tout ce petit monde a rendu à mes yeux ces deux semaines de courses comme les plus abouties de ma carrière. J'avais terminé cette saison à la deuxième place du classement général de la coupe du monde, à quelques points seulement du maillot jaune. Faisant durer le suspense jusqu'à la dernière course, annulée pour cause de tempête. Signant ainsi la plus belle saison de ma carrière.

De fait, la suite s'est révélée non moins belle à vivre mais moins glorieuse, plus difficile, mes résultats déclinant et l'envie faisant de même. Cet hiver faste 2015-2016, j'ai grillé mes cartouches. Mangé ma feuille, comme on dit. Les deux hivers qui ont suivi se sont faits dans la douleur, pour plusieurs raisons chacune étant reliée à l'autre en une spirale descendante. Pourtant c'est sans aucun doute lors de ces saisons que j'ai appris le plus de choses sur moi, où j'ai réfléchi à mon avenir en dehors du ski, sur les valeurs que je souhaitais partager et transmettre.

En premier lieu, j'avais été en surrégime pendant un an, j'ai donc eu du mal à continuer ce rythme de vie quand bien même je m'échinais à ne rien vouloir lâcher. Le missile n'avait plus de propulsion. Chaque passion était trop forte pour la laisser tomber. Et puis Adèle grandissant, l'athlète s'est fait petit à petit dépasser par la maman. Au fil des échanges, je découvrais un amour sans limites dévorant tout. L'amour maternel. Enfin ! Non pas que je n'aimais pas ma fille durant les deux premières années de sa vie, mais je pense que j'étais restée sportive avant tout. Et puis elle m'a eue à force avec ses sourcils et son nez froncé, son sourire canaille, ses joues rouges et son air doux. Les départs répétés devenaient un poids de plus en plus lourd à porter car je sentais qu'à présent ils étaient moins bien vécus par ma fille.

Je lui avais fabriqué une sorte de « calendrier de l'avent » imageant le « retour de maman ». Chaque case comportait une histoire inventée, des bonbons à manger, un coloriage à faire, etc., jusqu'au retour de maman. Je crois que les histoires et tout ce bazar étaient superflus, seuls comptaient les bonbons… Ça a marché un peu. Pas très longtemps.

Ma récupération était moins bonne et la pression que je me mettais de plus en plus forte. J'avais l'impression de devoir fournir un résultat équivalent aux deux années de réussites précédentes. Je devenais moins sociable, toujours à courir derrière le temps pour retenir les secondes de cette aiguille qui décidément bougeait trop vite. Je continuais les sorties ornitho, souhaitant secrètement apercevoir un hibou mais je n'en ai jamais vu. Mauvais présage ?

Non. Seulement une surexploitation de l'énergie. La source s'est donc petit à petit tarie, me laissant fatiguée, avec moins d'entrain dans tout ce que j'entreprenais. Peu importe. J'avais décidé de continuer l'aventure jusqu'aux jeux Olympiques de PyeongChang, février 2018.

Adieux depuis le pays du matin calme

> *« Lorsque tout marche bien,*
> *il est grand temps d'entreprendre autre chose. »*
> Fernand Deligny

Je considère que lorsqu'on commence à tourner en rond, il faut retrouver les lignes de nouveaux objectifs. Sortir de sa zone de confort. Se bousculer pour évoluer, forcer son corps à trouver des astuces pour acquérir de nouvelles compétences. Mais ce n'est pas facile. Car tout le monde préfère se tourner vers la facilité, partisan du moindre effort, moi y compris. Alors j'imagine que je suis un lapin sauvage qui par hasard tombe sur un champ de carottes. En tant que lapin je ne me méfie pas et profite de cette aubaine pour me goinfrer des années durant de cet amas de nourriture. Je change de morphologie, deviens un gras et gros lapin qui malheureusement pour lui voit arriver le renard. Forcément, j'essaie de courir mais mes pattes ne me portent plus assez vite, d'un coup je regrette ma gourmandise et ma paresse mais il est trop tard et je finis dans le renard.

Pour éviter le goupil, je sentais bien à cette période de ma vie qu'il était temps que je change d'orientation. Un recyclage. Sans gaspillage. J'avais décidé de m'arrêter après les JO. Le plan initial, genre tout se passe bien, je vais aux JO, je fais des bons résultats et j'arrête en plein instant de gloire avec des lauriers sur la tête et la bise du roi. Ça c'était la théorie. En pratique il y avait plusieurs projets. La vie de famille et la gestion de mes calendriers « d'avant le retour de maman » signifiaient des départs et séparations répétés plus ou moins bien vécus chaque fois. La vie de groupe avec l'équipe de France comportait elle aussi son lot de concessions et de savoir-vivre en groupe. La vie professionnelle, puisque d'une passion j'en ai fait mon métier avec les contraintes qu'on lui connaît, pesait de plus en plus lourd dans la balance. Il y avait en outre mes études que je m'échinais à poursuivre malgré l'étalement sur la durée et la lassitude qui en découle.

J'ai ramé tout le début de saison, enchaînant les contre-performances, de plus en plus abattue et abrutie par les courses qui ne se passaient pas comme je l'avais prévu. J'étais reléguée en fin de classement, lasse, fatiguée, dépitée. Dur dur la redescente des podiums ! L'ego prend un gros coup de latte derrière les oreilles. C'était donc le temps de la remise en question, du retour aux sources. J'appris beaucoup cette saison-là. Sur moi, sur les autres, sur mes souhaits et aspirations.

Cet ensemble de mauvaises courses m'a alors poussée à faire un état des lieux complet sur ma carrière, les causes de cette fatigue redondante et surtout les astuces pour y pallier. On dit « les astuces » mais dans ce genre de situation et vu mon âge, 31 ans au compteur tout de même, le seul remède, c'est le repos. A ce moment-là, je n'étais pas sélectionnée pour participer aux jeux Olympiques. Après une nouvelle course ratée, je débarquais début janvier 2018 dans la chambre des entraîneurs et leur proposais un deal.

« Bon, je suis trop nulle. Je m'enterre, je vous propose d'arrêter de creuser mon trou et de me re-préparer pour fin janvier. Je participe à la dernière coupe du monde avant les JO, si je suis dans le coup, j'ai une place dans l'avion, si je ne suis pas dans le coup, j'arrête le ski. »

Ils ont bien voulu, à une condition : rester avec le groupe qui s'entraînait en vue des JO. Ils étaient méfiants : ils savaient bien qu'à la maison je ne parvenais pas à me reposer ! Je suis donc restée avec le groupe. Je faisais des toutes toutes toutes petites petites petites séances de ski : pas plus d'une heure par jour. Le reste du temps je le passais dans les chambres d'hôtel. A moisir.

Alors je lisais. Parce qu'à l'intérieur je ne parvenais pas bien à me raconter des histoires, je comblais ce manque par la lecture et les pommes. En cachette, j'aiguisais mes dents. J'affichais un sourire par-devant mais en vérité, regarder les collègues courir me mettait grave les boules, les glandes, les crottes de nez qui pendent. Ça me redonnait envie de porter un dossard. Et puis j'avais trouvé une autre occupation : *« Speak english very well. »* Objectif double, je voulais en finir cette année-là avec mes études à rallonge et terminer mon master 2 en biologie écologie évolution que j'avais commencé cinq ans plus tôt à l'université de Grenoble Alpes. Il me restait uniquement à valider ma fin de stage ainsi que l'anglais. J'avais volontairement repoussé cette dernière épreuve. La plus dure pour moi. Parce que comprenez que je ne parle pas bien anglais. Suffit de regarder les interviews de fin de course. *« Yes I don't. »*

Pourtant je n'ai aucune excuse, je suis encore une fois très bien entourée : une de mes cousines est bilingue et surtout j'étais constamment partie à l'étranger entourée de gens qui parlent anglais. Comme les autres biathlètes. Mais je suis un peu sauvage et ça me barbe de faire l'effort de parler une langue étrangère. Pourtant cette saison je m'y attelais. Un peu comme une nouvelle passion sans en être une. J'organisais des Skype avec ma cousine, ce qui était bien car également l'occasion de prendre de ses nouvelles. Et puis, elle était particulièrement patiente, pédagogue et de très bon conseil. Grâce à elle, je téléchargeais des émissions radio en anglais sur des thèmes en rapport avec l'environnement. Il y avait notamment « From Tree to Shining Tree » sur la communication entre les arbres. Bon, le titre veut dire « D'arbre en arbre brillant ». Moi non plus je n'ai pas compris. Je l'ai écoutée au moins cinq ou six fois. (Les trois premières pour le comprendre et les trois suivantes pour être sûre d'avoir bien compris.) Mais j'adorais. Cette émission traitait de la communication entre les arbres et de leur vie en symbiose avec les mycorhizes, un réseau de champignons. Au-delà de toute considération scientifique, pour moi cela signifiait que la forêt échangeait des informations… qu'elle avait développé une forme de conscience. Je trouvais ça incroyable et je me plongeais dans des délires d'imagination sur le pouvoir des arbres. Cela collait tellement bien avec ma vision d'un monde naturel connecté, relié par des filaments véhiculant un seul et même langage...

En réalité, des chercheurs américains ont découvert que les arbres, loin d'être en concurrence pour l'accès à la lumière, s'entraident et échangent de la nourriture avec leurs semblables. Et ce entre différentes espèces. Cette interactivité s'effectue grâce au réseau mycélien qui vit en symbiose avec les racines. Incapables de produire leur propre carbone, les champignons troquent de l'eau et des nutriments (azote essentiellement) contre du carbone, élément essentiel et source continue d'énergie. J'avais trouvé amusantes certaines anecdotes. Comme celle-ci : pour trouver des nutriments, les champignons creusent le sol à travers leur gigantesque réseau mycélien et poussent même le vice jusqu'à chasser des animaux pour les arbres ! Ils chassent des collemboles, des minuscules insectes mangeurs de feuilles, en sécrétant un acide qui va ramollir la bestiole capturée et sucer ses nutriments pour les donner aux arbres.

Les arbres sont donc meurtriers ! Les chercheurs ont même retrouvé de l'azote provenant de saumons circulant dans les arbres ! Comment les champignons sont-ils allés chercher les saumons ?! Par les ours ! Bah oui, les ours chassent les saumons, les mangent sur les berges et les filaments des champignons viennent sucer les restes pour les troquer contre autre chose via les racines des arbres. Incroyable. Mais vrai. Juré je ne mens pas. Si ce que je raconte est faux c'est que mon niveau d'anglais n'est toujours pas suffisant.

J'enregistrais ces émissions et les écoutais en allant trottiner, comme je l'avais fait à Marseille. Je renouais avec la méthode d'apprentissage consistant à mémoriser et structurer l'information entendue au fil de mon parcours. J'ai ainsi appris des trucs sur les îles Galapagos, sur les animaux, sur la surfusion (bon, je n'ai pas tout compris alors plutôt que de vous expliquer, je vous laisse consulter Wikipédia). Et ainsi le temps passait. Et je me reposais un peu. Soignant à mort la récupération. Aiguisant mes dents. Ce qui m'amena au départ de la course qui allait décider de ma participation aux JO : le sprint d'Anterselva.

Juste avant la course, j'ai réussi l'exploit de casser un bâton sur le portillon de départ. Franchement, faut le faire. « Neuneu. » Je m'insultais et continuais ou plutôt commençais donc la course ainsi. Faut croire que ce début raté a joué son rôle puisque je suis parvenue à m'en sortir, auteure d'une jolie course finalement et récupérant mon billet pour monter dans l'avion qui allait s'envoler pour la Corée. J'ai laissé homme et enfant derrière moi pour trois semaines d'absence. Les trois dernières. J'avais caché un cadeau par semaine à l'attention de mes deux amours. Maigre compensation pour le rachat de ma conscience.

Je connaissais la Corée pour avoir déjà foulé son sol à deux reprises : une toute première fois accompagnée de Loïs, lors des championnats du monde de 2009, mes premiers championnats. Et une seconde fois l'année précédente sur une étape de coupe du monde, en reconnaissance des jeux Olympiques. Je me souvenais bien du décalage horaire. Rude. Surtout dans ce sens. La première fois le manque de sommeil m'avait fait signer un partenariat longue durée avec le Stilnox, le sommeil chimique. La seconde fois, j'étais en pleine déconfiture, tellement fatiguée que j'avais fait un malaise lors du sprint, alors que je jouais un podium. Mais cette fois-ci, j'étais tellement contente et soulagée d'avoir la chance de participer à cet événement que je ne pensais à rien d'autre. Ecoutant mon anglais et regardant des reportages animaliers dans l'avion qui m'emportait au pays du matin calme.

Une fois arrivés sur place, nous avons établi notre campement dans le village olympique : des tours de quinze étages, à l'asiatique. Pas vraiment terminées d'ailleurs. Nous on logeait au dernier étage, toute l'équipe féminine de biathlon dans un même appartement de trois chambres. J'entends encore dans mes oreilles la voix féminine qui annonce « *Honchimida fifteen floor* » ou du moins c'est ce que je croyais comprendre. Nous avions aussi appris pour mieux nous fondre dans le décor les rudiments de la langue coréenne : « Agneau assez haut » signifiait « Bonjour ».

Sur ces olympiades, ce qui était génial c'est que toutes les épreuves ou presque étaient réunies au même endroit ou à peu de distance les unes des autres. Ce qui fait tout l'intérêt de l'événement : le partage. Partage entre les nations, entre les disciplines. Rencontres, etc. C'est vraiment une chouette manifestation. Le site ou plutôt les sites de compétitions étaient construits sur des golfs. C'est drôle de dire « des golfs », vous ne trouvez pas ? Les Coréens doivent être fans de ce sport car il y en avait tout autour de nous.

Le village olympique où nous logions longeait la route d'un côté et un golf de l'autre côté. Nous avions le droit de sortir courir dans ce golf d'où partait un petit sentier à travers bois sous l'œil des militaires qui veillaient de près à notre sécurité. Ce qui est d'ailleurs assez gênant lorsqu'on a envie de faire pipi… on se sent vraiment observé et je scrutais le sous-bois scrupuleusement quand l'envie me prenait. La Corée est un pays où les paysages diffèrent des massifs alpins ou étendues nordiques auxquels m'a habituée la pratique du biathlon. Les forêts coréennes, anciennes, sont belles. Peuplées de Wangsasre, un type de bouleau hybride, ou de pins de Corée. Elles sont donc très claires car dépourvues d'épicéas et autres grands arbres au feuillage sombre. J'ai également eu la chance d'apercevoir un écureuil volant ! (Bon présage ?!) Ça m'a tellement surprise que je me suis demandé un instant si je n'avais pas confondu le petit animal avec un oiseau. D'ailleurs je me suis régalée avec les oiseaux, observant sur les branches dénudées de nouvelles espèces que je n'avais jamais vues en Europe comme le pic cendré ou la mésange variée.

Les montagnes aussi sont singulières. Là-bas, elles ressemblent à des petits pics dressés et pointus comme des écailles sur le dos d'un dragon. Justement, au-dessus de la station je crois que la montagne se nommait le mont Dragon. Jamais très élevé, ce mont culminait à 1 500 m d'altitude, c'est pourquoi on retrouvait les arbres partout. De temps à autre, au virage d'un chemin, des rubans de couleurs apparaissaient, fixés aux arbres pour je ne sais quelle raison. Les cabanes ressemblaient à des petits temples asiatiques avec les coins de toiture relevés. Et, chose que j'aimais par-dessus tout, des clochettes au son cristallin tintinnabulaient sous la brise. Accrochées dans les branches, elles faisaient retentir leur *dong*, s'accordant avec le murmure de la forêt ventée.

Tous les matins (enfin, vers 13 heures plutôt puisque avec le décalage horaire, nous nous couchions vers minuit pour nous réveiller à 11 heures), j'allais courir dans ce golf, à travers le green jauni par l'hiver, écoutant mes podcasts en anglais qui me racontaient cette fois l'histoire de la conquête spatiale, les sondes et messages envoyés aux extraterrestres. Je me laissais bercer par cette langue étrangère et mes pas me portaient jusqu'à l'entrée du petit sentier qui tournicotait dans les bois. Je continuais mon tour et finissais par rentrer en marchant, cours d'anglais terminé, sous le soleil pâle mais très lumineux des journées hivernales.

On s'est vraiment caillés en Corée. Un vent froid, glacial s'engouffrait partout. Rendant les conditions de tir difficiles et aléatoires. D'autant plus que les courses se disputaient à 20 heures heure locale, impossible de compter sur la chaleur du soleil… Ce vent balayait les coteaux sablonneux des golfs, une terre instable qui imposait ainsi d'arrimer des arbres au sol afin qu'ils s'enracinent correctement. C'est pourquoi le long des routes et dans les jardins, partout où des arbres sont replantés, ils sont accrochés les uns aux autres, arrimés fermement au sol avec un ensemble de trépieds et de cordes pour éviter qu'ils ne bougent. C'est plutôt étrange à nos yeux d'Européens. La guerre de Corée est à l'origine de ce projet de reforestation : la fin de la guerre laissa le pays et ses montagnes mis à nu. Le président Park Chung-hee, au début des années 1960, lança un vaste programme national de reforestation. Aujourd'hui la forêt recouvre 65 % du pays et le 5 avril de chaque année les Coréens célèbrent le jour des arbres ou *Singmogil* témoignant du respect de la nature et de l'environnement.

La terre sablonneuse flottait dans l'air, rendant la lumière jaune et le coucher du soleil d'une étrange couleur trouble. Ce changement de teinte ne me dérangeait pas outre mesure et je trouvais ça plutôt joli, atypique. En revanche ça me posait problème lorsque ce sable se retrouvait invariablement dans la neige, la rendant sale et peu glissante. En plus des conditions froides et sèches, peu propices aux sensations de glisse, la neige était ainsi jaune, ce qui sous les skis signifie un encrassement prématuré de la semelle et une transformation progressive d'un outil fait pour glisser en râpe à fromage s'agrippant désespérément au sol.

Autant dire que les conditions de courses étaient sacrément compliquées.

Le vent était dans toutes les conversations, nourrissant inquiétudes et questions récurrentes sur le réglage des carabines.

« Toi t'as fait combien de *clics* aujourd'hui ?

— Ben je sais plus, ça n'a pas arrêté de tourner mais au début bien cinq ou six pour aller à droite. Et toi ?

— Moi je sais plus où j'en suis. J'ai raté toutes mes balles debout.

– Pfff, j'espère que demain ça sera mieux. »

Mais le lendemain c'était pire.

Il fallait donc se contenter de faire de son mieux, indépendamment des conditions extérieures. Le jour de l'ouverture des jeux Olympiques, nous étions toutes joliment enrubannées avec du scotch de couleur afin de préserver de la morsure du vent nos joues et autres portions du visage restant à l'air libre. Retardant l'instant où il fallait enlever les vêtements et se retrouver comme nues. Vêtues de nos pauvres petites combinaisons moulantes, nous passions notre énergie à dessiner de grands moulinets avec nos bras pour faire descendre le sang jusqu'aux extrémités des doigts.

Eh oui ! les doigts sont assez importants en biathlon, surtout l'index puisque c'est lui qui appuie sur la détente, validant ou non le centrage de la cible. Avec des doigts gelés, c'est vachement dur de tirer juste ! Comme si ce prolongement de notre corps se commandait lui-même, appuyant pile quand il ne faut pas. Trop tôt ou trop tard. De ce côté-là, mon code génétique m'a plutôt aidée. Je n'étais pas trop sensible au syndrome des doigts gelés et si je partais avec les mains chaudes, j'arrivais sauf exceptionnellement à garder de la lucidité au bout de mon index droit. Pour cela il faut toujours se souvenir de la règle d'or : « Tête chaude, corps chaud, doigts chauds. » Dès lors, je mettais un bandeau plus un bonnet en polaire avec lequel je courais. Voire parfois deux bonnets l'un sur l'autre. Ça me donnait une tête d'ampoule au rendu moyennement esthétique mais de toute façon avec la bave et la morve que je produisais durant le temps de la compétition je ne voyais pas l'intérêt de préserver une quelconque dignité de ce côté-là. Pas besoin d'être belle, j'étais déjà mariée et mon mari n'a pas la télé.

Au départ du sprint j'avais pleinement conscience que j'avais tout à gagner, n'étant pas sélectionnée pour toutes les courses et sans aucune pression supplémentaire de la part des médias étant donné mon début de saison désastreux. Les journalistes m'ont laissée tranquille, se concentrant sur Martin notre leader et saint patron du biathlon, ou Justine l'enfant prodigue du groupe. Eh ben tant mieux !

J'étais très excitée, j'avais envie, je savais aussi que c'était ma dernière grande compétition et qu'il me fallait profiter de chaque départ puisque c'étaient les derniers dossards que je porterais en biathlon. J'ai réalisé une jolie course compte tenu des circonstances difficiles et du vent en rafales, j'ai manqué une cible en position couché, fait le plein lors du debout et, quand à la sortie du pas de tir mes entraîneurs m'ont annoncée à la quatrième place à cinq secondes du podium, je n'y ai pas vraiment cru. C'est assez dommage d'ailleurs et je m'en veux de ne pas m'être battue comme une lionne. En réalité, je pensais que j'allais reculer et reculer et encore reculer dans le classement au fur à mesure des arrivées successives de mes adversaires. C'est la faute à mes mauvaises performances du début de saison et à la perte totale de confiance en moi et de repères sur ma vitesse de déplacement à skis.

Je suis arrivée quatrième, juste au pied du podium, et le classement n'a pas bougé. Je n'ai même pas eu droit à une vraie médaille en chocolat. Mais j'étais heureuse. Je sautais partout comme un chien fou avec un sourire niais aux lèvres. Les autres me regardaient bizarre et je lisais dans leurs yeux : « Elle est débile, elle rate le podium de quelques secondes et elle saute de joie. » Mais pour moi, cette quatrième place signifiait un retour au haut niveau. Après avoir léché les fonds de cuves, goûter au chocolat est une aubaine ! J'avais l'impression qu'elle pouvait m'ouvrir des portes et effectivement, grâce à elle je gagnais mon dossard pour la mass start en fin de semaine, course qui regroupe les trente meilleurs athlètes du moment. Lors de la mass start, je terminais de nouveau dans les huit premières mondiales et je fus choisie pour courir le relais mixte, grande chance de médaille française. Un relais aux côtés de nos champions : le « King Martin » (millions de fois médaillé de tous les métaux possibles), « Nanas la Menace » qui venait de s'offrir une belle médaille en bronze sur la poursuite, et Simon qui faisait partie des meilleurs garçons du moment. Et bonne quatrième relayeuse « Ririe la Boucherie ».

On dit souvent que tous les sportifs de haut niveau sont superstitieux. Mais je pense sincèrement que sportif ou non, chacun d'entre nous porte sa part de croyance. Ou d'espoir.

Le matin précédant le départ du relais des jeux Olympiques, nous sommes sortis tous ensemble courir sur les sentiers du golf jouxtant le village olympique pour un réveil musculaire. Nous quatre : les athlètes sélectionnés pour ce relais français. A un moment, Martin est parti s'allonger sur l'herbe du green, jaunie par l'hiver. Il fermait les yeux et nous a invités à l'imiter. Quand le King ordonne, le monde obéit. Et nous nous sommes tous les quatre étendus sur l'herbe rase, jambes et bras en croix. Le vent mordant n'avait plus de prise sur nos corps ce qui nous permettait de profiter pleinement des rayons du soleil. Et nous sommes restés ainsi durant quelques minutes, sans parler. On était bien. Rechargés par les vibrations du sol. Martin nous a avoué qu'il s'était allongé ainsi avant chaque course et que résultat, il avait gagné ses belles médailles d'or. L'ordure, il aurait pu me le dire plutôt, je serais venue camper ici toutes les nuits !

Le relais mixte se disputa une nouvelle fois aux claquements des drapeaux représentant les pays au-dessus du pas de tir : le vent était toujours bien présent. Cette fois-ci, sans dire que je me faisais caca dessus, la pression était différente : j'étais le maillon faible de cette équipe de vainqueurs et je n'avais pas envie de tout faire foirer. Surtout pas un remake de Vancouver... Alors je me concentrais de mon mieux, focalisée sur chaque détail me permettant de mettre ces balles au centre de la cible. J'accompagnais chaque départ de coup jusqu'au milieu du rond de 4,5 cm couché et 11 cm debout, suivant de mes yeux devenus supersoniques la trajectoire de la balle, la menaçant des pires tortures si elle n'allait pas impacter le centre. Eh oui, je peux être méchante parfois. Je faisais de même avec mes skis, leur promettant les flammes de l'enfer s'ils ne me portaient pas rapidement vers l'arrivée.

Croyez-le ou non, ces menaces ont très bien fonctionné. Je réalisais une course parfaite et donnais le relais à Nanas la Menace en troisième position à seulement sept secondes de la tête de course. Après, ce n'était plus de mon ressort malgré mes menaces lancées à qui mieux mieux envers quiconque pouvant se mettre en travers de notre chemin vers la médaille. Le stress me faisait défier n'importe qui et même n'importe quoi. Cela pouvait être un adversaire, une chaussure ou un bout de bois. Je perdais un peu la boule et encourageais chaque compagnon de galère à se donner à fond jusqu'à cette ligne d'arrivée.

Surexcitée, je suis partie skier pour calmer cette angoisse qui me tordait le ventre. Le ciel était clair et, en regardant les étoiles, je me suis adressée à tout ce qui pouvait bien m'entendre. Une force, un dieu, le green jauni du golf, n'importe quoi susceptible d'exaucer mon souhait le plus cher à cet instant précis : remporter une médaille d'un éclat aussi brillant que les étoiles à qui je m'adressais. Encore une de ces fois où la nature assiste en spectatrice impartiale aux demandes et questions pressantes que lui adresse le commun des mortels.

En réalité, seul Martin a le pouvoir de transformer un métal ordinaire en or. Ce jour-là il l'a fait. Depuis je le compare un peu à une sorte de dieu vivant, jouant avec la matière comme s'il maîtrisait le moindre paramètre composant sa discipline. Et en vrai, c'est ce qu'il fait depuis six ans. Je ne sais pas si la communion de nous quatre avec la terre sur le green du golf ou ma prière secrète aux étoiles ont marché mais résultat, nous étions champions olympiques de relais mixte.

Le soir j'avais une grosse médaille brillante autour du cou que je polissais de la main en murmurant « Mon précieux » tel Gollum et ses yeux globuleux dans *Le Seigneur des anneaux*. Juste avant la médaille, je m'offrais une petite « Marseillaise » en solo, ne souhaitant pas descendre du podium trop vite. Je pétais tranquillement les plombs, beuglant des fausses notes à tue-tête devant une foule en délire composée de dix Français pas plus. Il restait encore une course, le relais dames où nous avons terminé cette fois décorées de bronze.

C'était ma dernière course importante. Dans ma tête c'était ma dernière course tout court. Et toute ma carrière a défilé devant mes yeux à ce moment-là, cet instant où Nanas franchissait toute baveuse la ligne d'arrivée. J'ai repensé à mes débuts, à mon milieu, à ma fin. J'ai songé que le biathlon m'avait transportée dans beaucoup de lieux magnifiques. Que j'avais vécu des expériences formidables. Humaines d'abord. Que j'avais appris, grandi. J'étais devenue cette femme, pleurant aujourd'hui comme une enfant, de soulagement pour une carrière qui se terminait bien, de tristesse d'abandonner un monde que j'aimais beaucoup, de bonheur de me débarrasser de contraintes qui pesaient désormais trop lourd.

J'ai serré Nanas dans mes bras, la laissant essuyer sa bave sur mon épaule. C'était un chouette moment. J'ai re-pleuré ensuite, source intarissable d'eau que j'avais dû boire en trop grande quantité, comme un bébé devant les caméras remerciant mon mari et ma fille pour leur soutien. Et puis la famille. Et puis le monde entier. J'étais un peu pitoyable mais ça n'avait pas d'importance. Et de toute façon j'avais appris des années précédentes que lorsqu'on est médaillé, on a le droit de tout faire. Y compris d'être ridicule. Alors je m'abandonnais à la fatigue qui se traduisait par le relâchement général de mes trous, laissant sortir un fluide visqueux et salé par mes yeux, mon nez, ma bouche. Je m'arrêtais heureusement là. Ou du moins, j'ai la décence de ne pas écrire la suite.

En fin de séjour, compétitions terminées, le groupe des filles s'est motivé pour rendre visite à la mer. Elle n'était vraiment pas loin : seulement cinquante minutes de route. C'était très dépaysant de passer ainsi de la neige à la côte, sable doux et doré, mer d'eau bleue. Environnement tellement différent du site de compétition. Seul le vent était toujours présent. Sur la plage il y avait des sculptures immenses, une sorte d'exposition en plein air d'œuvres d'art fabriquées à partir de bois flottés, de rubans, esquissant les contours d'un dragon, d'un tigre, de maisons et d'hommes. On n'a pas beaucoup parlé ce jour-là, chacune profitant de l'air marin pour laisser voguer ses pensées dans le vent et le ressac. Il me tardait de rentrer. De revoir les joues rebondies de ma fille. Mais les heures avaient choisi de s'étirer, et finalement c'était bien aussi de goûter à une sorte de calme teinté d'ennui succédant à un trop-plein d'émotions. Durant ces moments d'errance, les heures passées dans ce pays défilaient sous nos yeux. Chaque instant revécu avec un brin de nostalgie cette fois. L'euphorie est passée. Et moi j'ai fait mes adieux aux dossards, devant la mer de Corée, laissant le vent emporter des remerciements silencieux que j'adressais à toutes les personnes qui m'avaient aidée à gravir ces marches.

Une porte se ferme, un livre s'ouvre

« Soyez attentif à la fin comme au commencement, et alors vous n'échouerez jamais. »
Lao-Tseu

J'ai arrêté le biathlon. Depuis avril 2018. Pour l'occasion j'ai pris une énorme cuite. Tellement énorme que je ne me rappelle même plus d'avoir été invitée à ma propre fête… J'ai de la chance car j'arrête sans aucun regret. Avec des souvenirs plein la tête. Je n'ai même pas eu de sensation de flottement ou quelque chose de ce style. Rien, je suis juste passée à autre chose. J'ai fermé doucement la couverture d'un livre avec un ressenti bienheureux, une main sur la panse. Comme si j'avais trop mangé. J'ai laissé cet étrange apaisement s'installer petit à petit et cela m'a permis de me rendre compte que ces dernières années, j'avais instauré une sorte de « dictature de la récupération ». C'est-à-dire que je ne parvenais à me détendre que dans mon lit (et encore) relâchant la pression avec peine.

Soulagement. Je n'avais plus besoin d'être en forme pour être performante. J'avais seulement besoin de me lever le matin et ça suffisait. Les années de ski, lorsque je me réveillais avec la sensation d'avoir encore mal dormi, j'étais persuadée que ce manque de repos allait avoir des conséquences sur mes entraînements ou compétitions. A présent, lorsque je me lève en ayant mal dormi, ben je me dis que ce n'est pas très grave. Pour autant, je n'ai pas vraiment relâché le rythme. Je crois que je suis faite comme ça : pour remplir ma vie. Avec des millions de choses. Parce que tout est passionnant ! Et que la journée est tellement courte... Alors je m'engage partout et enrage d'avoir besoin de dormir.

La priorité était pour moi de boucler mes études à rallonge. Je bouclais donc, comme un mouton. Et hop, l'anglais est passé comme une lettre à la poste. J'avais même choisi de présenter à l'oral « From Tree to Shining Tree » l'histoire de mes arbres brillants. Je ne sais pas trop si j'ai été brillante mais j'ai réussi cet examen. J'ai également terminé mon stage de master. *Yesssssss !!!* Nananère, diplômée à 32 ans... Quelle performance ! Et re-soulagement.

Mais alors, qu'allais-je faire ? Abondance soudaine de temps libre, vite, il fallait combler, remplir, la nature n'aime pas le vide ! Du coup je devais m'investir dans un autre truc prenant. Qu'est-ce qui prend du temps pendant très très longtemps ? Réponse : les enfants. Je m'attelais par conséquent à fabriquer un autre enfant. Par prudence je mettais mon mari dans la confidence et l'incitais à exécuter ce programme ambitieux. Ça a marché, ne me demandez pas comment. J'ai donc recommencé à grossir. Ensuite, j'ai eu la chance d'être embauchée par le département de l'Isère pour des missions sur le sport et l'environnement. Ne m'en demandez pas plus, j'ai rien compris. Bah oui, c'est dur de reconnecter les neurones manquants. Ils sont partis avec la neige. Et puis j'ai retrouvé Adèle. Qui a clamé partout que sa maman n'allait plus partir. Je me suis demandé le sens profond de ce message… Léger traumatisme ?! Depuis, son grand truc c'est de faire « Coucou » à la fenêtre à toutes les personnes qui partent. Je me demande si je ne l'ai pas rendue zinzin en fin de compte. Elle envoie à chaque nouveau départ des cœurs, des arcs-en-ciel et des licornes brillantes à travers la vitre. Cool. Tout le monde en profite.

Ce qui est génial, c'est qu'à 4 ans on oublie vite et qu'on s'émerveille de tout. Chaque histoire est accueillie comme un cadeau et c'est un super stratagème pour faire passer un message, faire passer un trajet en voiture ou bien encore faire marcher les enfants. Depuis qu'elle a deux ans, j'ai décrété qu'elle avait des jambes fonctionnelles et que maman ne portait plus les enfants dotés de ce genre d'appendices. Alors elle râle et j'adoucis la promenade à grands coups d'histoires. Je raconte ce qui me passe par la tête. Souvent des histoires de princesses pour lui faire plaisir, mais des princesses oiseaux, des princesses écureuils, des petites filles qui aiment la nature et parlent aux animaux.

Je lui raconte ce que je me racontais petite. Et ça marche puisqu'elle marche ! Les oreilles grandes ouvertes, comme je suivais avidement les traces de mon père, pendue à ses lèvres. Des fois, j'en ai marre et je lui raconte l'histoire de *La princesse qui est fatiguée et qui a perdu sa voix.* Quand j'en ai vraiment assez c'est plus tragique : *La princesse elle se lève et elle meurt.*

Je l'incite aussi à me raconter des histoires à son tour et c'est un moment délicieux lorsqu'elle accepte. Les enfants aiment employer le passé simple. Je pense que c'est à cause des contes qui finissent d'ordinaire par « Ils vécurent heureux et eurent beaucoup d'enfants ». C'est drôle car en vrai on n'emploie que rarement le passé simple. C'est une langue de l'écrit. Les enfants adorent utiliser certaines expressions comme « En fait » ou « Par contre ». Et leurs histoires n'ont pas de fin. Ni de morale. Ni de message caché. Elles sont comme eux : innocentes, sans queue ni tête, volatiles, candides, incroyablement rafraîchissantes. Alors je l'écoute me raconter celle d'un loup qui *passa* par le tuyau du poêle et qui *regarda* à l'intérieur et se *disa* : « Oh la la il y a bien des amis à manger là ! »

Durant ma grossesse, j'ai renoué avec la marche. Trop grosse pour courir. Je marche toujours en bourrinant. Les vieilles habitudes ont la peau dure. J'ai retrouvé les sorties botaniques, surtout lorsque je peux me faire accompagner par un pro. Cet été j'ai découvert les orchidées de juillet-août : les épipactis. C'est drôle, je ne les avais jamais vues auparavant alors que maintenant que je sais qu'elles existent j'en vois partout! Pierre Eymard, l'ancien conservateur de la réserve naturelle du parc du Vercors, m'emmène dans les forêts du massif observer ces belles inconnues. Ainsi, au bois des mûres, je découvre l'épipogon sans feuilles, une drôle de fleur qui ressemble un peu à ce qu'un dinosaure végétal pourrait être. En fait les orchidées sont une famille très étrange et fascinante lorsqu'on les regarde de près. Des petits bijoux miniatures.

Pierre Eymard me fait part de l'une de ses découvertes sur la présence de l'orchis musc qui s'appelle aussi *Herminium monorchis.* Une vraie chasse au trésor. Sa curiosité s'est mise en éveil à la lecture d'un petit fascicule écrit par le botaniste Roger Marciaux décrivant les plantes autrefois présentes dans le Vercors mais que personne n'a retrouvées. Cette lecture faisait écho à un autre ouvrage, plus ancien. Celui de l'abbé Ravaud, écrit en 1884 par l'homme d'Eglise en personne qui consignait toutes ses promenades dans un livret. La moindre pierre, un arbre plus gros que les autres, des détails sur les chemins, l'abbé imprimait sur le papier le paysage qui l'accompagnait dans sa marche. Et, là, il inclut cette fleur rare: l'orchis musc. Pierre Eymard n'est pas le premier botaniste à se lancer dans la recherche de la fleur en question. Mais il est plus malin. Il a choisi un angle d'attaque différent. S'habillant d'une soutane, il s'est mis dans la peau de l'abbé. Je plaisante, sans se déguiser (ou alors il ne me l'a pas avoué) il s'est dit qu'à l'époque les chemins devaient être autres et que le cadastre napoléonien faisait office de document d'urbanisme. Bien vu Lulu ! En croisant le récit du moine qui mentionne un gros bloc de pierres juste avant la découverte de la plante, avec le cadastre et les anciens chemins, Pierre Eymard a retrouvé l'orchis. Toujours là, cent trente ans plus tard. Survivant aux attaques des vaches et à leurs bouses. Fier de sa trouvaille, il me fait partager sa découverte. Je l'ai donc vue de mes yeux vue. Je ne vais pas le lui dire mais j'ai été déçue. Je pensais que l'ingéniosité de sa recherche méritait une belle et grosse plante colorée et au lieu de ça… j'ai dû mettre le nez dans les herbes et faire loucher mes iris pour apercevoir la minuscule orchidée qui m'a également regardée dans les yeux et m'a dit : « Je t'ai eue patate ! Comment aurais-je gardé mon secret si longtemps au milieu des vaches si j'avais été grande et colorée… » Je me suis relevée, j'ai remercié Pierre Eymard pour le partage de sa découverte. Pour l'histoire de cette quête qui mérite d'être connue. Comme quoi, l'abbé avec ses descriptions de promenades fait renaître sa mémoire et celle des paysages d'autrefois qui subsistent à l'abri des regards indiscrets. Délicates plantes sauvages survivant à l'appétit de l'homme et des vaches.

Le temps est passé, vite comme à son habitude, et le bébé a grossi encore. Je ne vois plus mes pieds. Quand je suis allongée, j'ai des airs de baleine échouée. Depuis trois semaines, je suis en congé maternité, le premier puisque pour Adèle je n'avais pas levé le pied, m'entraînant jusqu'au terme avec énergie et enthousiasme. Je commence à me souvenir que le bébé lorsqu'il sort est bruyant et que les nuits sont difficiles. Alors je me demande pourquoi j'étais si pressée d'en refaire un.

Je continue à marcher. Tous les matins, je pars pour une heure, dans la forêt de la Fauge au-dessus de chez moi. J'opère un ménage de printemps en novembre dans le fond de mon crâne. Je fais le tri de ces années passées dans le ski, de ce futur aux contours flous qui se dessine. Je passe de temps en temps la main sur la peau des hêtres. Nonchalamment. Avec leurs troncs gris et lisses, leur feuillage dense et vert foncé. Ils sont hauts et fiers. Ça doit être chouette d'être un hibou. Juste après je passe la main sur la peau de mon ventre. Il est doux et rond.

Je me demande s'il y a une sorte de transmission. Si le bébé que je porte deviendra aussi fort et haut qu'un hêtre. Ou aussi doux et rond que mon ventre. Ou les deux, un peu comme un Quasimodo. S'il comprendra les arbres, leur langage par leur silence. J'espère seulement que du coup il ne sera pas muet. Peut-être que les muets parlent l'arbre ?

Est-ce qu'il l'aimera ? Cette nature toujours changeante, façonnée par l'homme sous l'emprise de ses rêves de grandeur. Chaque être suit son chemin, créant lui-même les propres embranchements dessinant les nœuds des branches, le regard tourné vers le ciel à la recherche des réponses qu'il n'aura cessé de se poser.

Alors je fais une promesse, au bébé et à Adèle. Subitement. Emportée par mes hormones de grossesse qui me font voir des éléphants roses. Et des nids de vache. Je promets de leur transmettre ce que mes promenades m'ont appris.

Je me dis que je ne leur montrerai pas un « arbre » mais un « hêtre » et pas une « fleur » mais un « coquelicot », autant nommer les choses par leur nom. La connaissance au service de la sagesse. Ensuite je leur apprendrai à observer sans déranger afin d'éveiller leur curiosité aux habitants des bois. Parce qu'on a la chance de partager leur voisinage. Observer, apprendre, comprendre, partager. Sésame, ouvre-toi ! Mais où mène la porte ?

Continuant mon chemin, l'écriture de ce livre avance doucement au rythme de mes pas. Comme une nouvelle expérience, l'opportunité m'a été donnée par La Salamandre. Je me suis prêtée au jeu. Encore un défi. Et je me rends compte que cela me donne l'occasion de retraverser les lieux qui ont laissé une empreinte en moi depuis l'enfance.

Je me revois, petite, traînant les pieds sur les chemins, râlant parfois contre la lenteur implacable imposée par le plaisir adulte de marcher pour ne rien faire. Puis cette même petite fille courant à travers bois, inventant des histoires avec la forêt omniprésente. Et les histoires grandissent avec l'imagination, s'envolent plus loin, se complexifient, emportant avec elles cette jeune fille qui se défoule. La forêt est devenue un personnage vibrant de concert avec mes délires adolescents.

Comme une enfant quittant son nid, je suis ensuite sortie des sous-bois à la conquête d'autres terres d'aventures. A la recherche de performances. Mon rapport à la nature changeant donc une nouvelle fois, s'adaptant à la demande. M'apportant connaissance et conscience, je me la suis appropriée. Ces voyages dans un cadre sportif m'ont permis de retrouver la vue. Je me suis ainsi rendu compte que j'étais fascinée par l'inconnu, l'extraordinaire, ouvrant des yeux grands comme des soucoupes à la recherche de l'ours où à la vue d'un volcan. Attirée comme beaucoup d'entre nous par le rare et l'exceptionnel, j'ai enfin fini par apprécier la biodiversité ordinaire. Celle des parcs et des jardins, que je foule chaque jour en sortant de chez moi. Banalisée sans pour autant la connaître.

Pour la première fois je m'arrête, le regard vide. L'air niais, comme si je venais de toucher du doigt une vérité tellement simple que j'ai mis des années à la trouver. Tant de kilomètres pour m'apercevoir que le trésor était sous mes pieds ! Alors je prends le chemin du retour. J'ai gagné la phrase du jour. Mes pas m'emportent la coucher sur le papier.

Car c'est ainsi que je fonctionne : je marche pour créer. J'ai besoin d'être dehors pour réfléchir. J'ai besoin de sentir, de respirer, de goûter à ma respiration et au sang qui fait battre mon cœur. Qui parfois s'invite dans ma bouche. Un goût métallique comme celui de la neige. Neige et sang. Blanc et rouge. J'ai besoin de me sentir vivre. Je ne suis pas près d'arrêter de marcher. *Homo erectus,* l'homme debout. On est fait pour ça après tout.

La marche continue

> *« C'est quoi un sourire ? C'est du vent dans les voiles. »*
> *« Et c'est quoi l'espoir ? Du bonheur qui attend. »*
> *« Et un souvenir ? Un dessin sur la mémoire. »*
> *« Et la nostalgie ? Du passé comestible. »*
> *« C'est quoi grandir ? C'est fabriquer des premières fois. »*
> Aldebert, *Enfantillages*

Le bébé ne veut pas sortir. Quand on pense que la louve porte ses petits uniquement durant deux mois… ! Nous on les couve neuf mois et ils ne servent à rien pendant des années. Il paraît qu'il faut laver les vitres, faire l'amour ou boire du champagne pour faire sortir les enfants. J'ai tout essayé et je conclus que le mien n'aime rien. Je l'imagine déjà fainéant, non pressé de découvrir ce monde, préférant la chaleur confinée du ventre de sa mère.

Je marche tous les jours. En tapant des pieds, histoire de ne pas être un moyen de transport confortable. Je me demande pourquoi j'ai refait un bébé. Alors j'ai ressorti les skis. Juste pour voir s'il aimait ça et puis parce que l'appel de la glisse et de la neige est trop fort. Et… mardi 15 janvier 2019 à 2 h 40 du matin, elle est sortie. Le ski c'était donc son truc. A elle. Ben oui, finalement c'était encore une gonzesse, moi qui m'étais persuadée que je portais un gros garçon, j'ai pondu une minuscule fille... Délire de femme enceinte. Qu'importe, en fait c'est toujours un étonnement de contempler un « mini-nous » !

Evie est arrivée comme un boulet de canon. Bouleversant une seconde fois nos vies. L'histoire est sans fin, juste une page à tourner et la marche reprend sa course... Elle pourrait continuer ainsi :

« Evi-demment, c'était in-évi-table,
Evie, comme une évi-dence
S'éveille à la vie, commence sa danse. »

TABLE DES MATIÈRES

A PARAÎTRE

Vers la beauté, toujours,
Pascal Dessaint
(printemps 2020)

Rencontres entre les étoiles et la vie,
Blandine Pluchet
(automne 2020)

CHEZ LE MÊME ÉDITEUR

Séduire comme une biche ou comment trouver le bon partenaire
Jean-Baptiste de Panafieu, Jean-François Marmion

Zéro déchet à la manière d'un lombric
Nathalie Tordjman

Eduquer ses enfants comme un renard
Jean-Baptiste de Panafieu, Diane Galbaud du Fort

L'odyssée du renard
Laurent Geslin, François Moutou

Les arbres amoureux
Stéphane Hette, Frédéric Hendoux

Les fleurs amoureuses
Stéphane Hette, Frédéric Hendoux

Le lac aux oiseaux
Alessandro Staehli

Tous dehors à la montagne
Patrick et Manon Luneau

Les records du monde… chez les animaux
Nathalie Tordjman, Frédéric Michaud

salamandre

Née en 1983 de la passion d'un enfant, La Salamandre est aujourd'hui une maison d'édition franco-suisse indépendante et sans but lucratif. Depuis plus de 35 ans, nous faisons découvrir la beauté d'une nature authentique avec des revues, des livres et des films réalisés avec une grande exigence de qualité.

Nos engagements pour l'environnement

Chacun de nos livres est produit de manière à limiter au maximum son impact environnemental. Nous choisissons des imprimeurs certifiés aux meilleures normes écologiques. Nous privilégions également l'emploi de papier issu de forêts gérées durablement.

Texte : Marie Dorin
Edition et relecture : Cindy Gravier, Benoît Richard
Conception graphique : Fabienne Gabaude
Direction de collection : Benoît Richard
Dépôt légal : novembre 2019
ISBN : 978-2-889583-76-8
Imprimé en France par Normandie Roto Impression s.a.s. (Lonrai)
N° d'impression : 1903868

IMPRIM'VERT®